MÉMOIRE

SUR L'ILE DE KOS.

MÉMOIRE

SUR L'ILE DE KOS

PAR

M. O. RAYET.

EXTRAIT DES ARCHIVES DES MISSIONS SCIENTIFIQUES ET LITTÉRAIRES.

TROISIÈME SÉRIE. — TOME TROISIÈME.

PARIS.

IMPRIMERIE NATIONALE.

M DCCC LXXVI.

MÉMOIRE

SUR L'ILE DE KOS.

DESCRIPTION.

C'est aux Cariens que l'île de Kos doit le nom usité pour la désigner à l'époque grecque et romaine[1]. Au moyen âge, le portulan du Génois Pietro Visconti[2], celui du Vénitien Andrea Bianco[3], la relation de Cristoforo del Bon da Fiorenza, plus connu sous le nom de Buondelmonte[4], et même encore la carte du P. Coronelli[5], la désignent sous le nom d'Isola di Lango. Une inscription du temps des chevaliers de Saint-Jean, copiée par moi dans l'île même, et des diplômes de la même époque, l'appellent Langon. Aujourd'hui les Turcs lui donnent le nom de Stankeui[6], d'où les marins italiens ont formé Stanchio. Mais les Grecs du pays, les paysans aussi bien que les lettrés, sont restés fidèles à l'ancien nom de Kos, et c'est celui qu'il faut, je crois, adopter.

Située entre 26° 56′ 30″ et 27° 23′ 15″ long. E. Green., d'une part, de l'autre, entre 36° 40′ et 36° 55′ 30″ lat. N., l'île de Kos est

[1] Eustathe, *ad Iliad.* XIV, 255. — Tzetzès *ad Lycophr.* 644.

[2] L'exemplaire conservé à Venise, au musée Correr, est signé : *Petrus Vessconte de Janua fecit istam tabulam ĩ Venetia. Anno Dñi* M.CCC.XVIII.

[3] Conservé à Venise, à la bibliothèque Marcienne, et signé : *Andreas Biancho de Venecіis me fecit.* M.CCCC.XXXVI.

[4] C'est le nom que se donne l'auteur lui-même dans le manuscrit italien de la Marcienne, en racontant son naufrage aux îles Fourni. Le texte italien me paraît plus ancien que la version en latin publiée par M. de Sinner (*Bondelmontio de Insulis Archipelagi*).

[5] *Isolario dell' atlante Veneto, del P. Coronelli, lettore pubblico e cosmografo della SS. Republica di Venetia.* In Venetia, M.D.CLXXXXVI.

[6] De εἰς τὴν Κῶ.

orientée dans la direction générale N. E.— S. O., et à peu près trois fois plus longue que large. Depuis la pointe Psalidi, au N. E.[1], jusqu'au monastère d'Haghios-Ioannis au S. O., la distance est en effet de 32 kilomètres, tandis que du rivage N. O. à la côte S. E., il n'y a nulle part plus de 10 kilomètres 1/2, et en général seulement 8 kilomètres.

La superficie totale de l'île est d'environ 226 kilomètres carrés. Au point de vue géologique, cette superficie se divise en deux régions parfaitement distinctes[2].

La première, celle du N. E., noyau primitif de l'île, est formée d'une longue arête de calcaires cristallins et de schistes, à couches fortement relevées vers le S. E. Comme la plupart des Sporades orientales, cette partie de l'île de Kos appartient donc à la même formation géologique que le littoral de l'Asie Mineure, dont elle est séparée aujourd'hui par un détroit de 2 milles 1/2 de large et d'une profondeur de 18 à 22 brasses. Aux pentes de cette arête calcaire s'appuient, du côté N. O., trois bassins de formation tertiaire : à l'est, couches importantes d'eau douce, très-riches en fossiles et appartenant, à ce qu'il semble, au pliocène inférieur; à l'ouest, lambeaux de marnes, de même origine et de même époque que les terrains précédents; au centre, séries d'amas de sable et d'argile avec fossiles d'eau douce et d'eau saumâtre, couronnées par une formation marine. Il est évident que des soulèvements et des affaissements alternatifs ont tantôt plongé sous la mer, tantôt fait émerger cette partie de l'île.

La seconde région, au S. O., présente, elle aussi, un petit massif sédimenteux (tufs et conglomérats), mais entièrement bouleversé par un important soulèvement volcanique qui est venu s'y adosser. Ce sont surtout des basaltes et des obsidiennes. Deux cônes éruptifs en forment les points culminants; sur le flanc ouest du plus

[1] Ψαλίδι, en grec moderne *le Ciseau*. Portée sous le nom, inconnu dans le pays, de *Louro point*, sur la belle carte marine dressée en 1841 par le commodore Th. Graves, corrigée en 1863 par le capitaine T. Spratt et publiée en 1864 par l'Amirauté anglaise. Les cartes anglaises de l'Archipel sont excellentes pour le tracé et les sondages; mais les noms de lieux sont presque toujours très-mal orthographiés, et quelquefois tout à fait inexacts.

[2] Les détails qui vont suivre sont en partie empruntés à une étude de M. H. Gorceix, ancien membre de l'École d'Athènes (*Aperçu géologique sur l'île de Kos, Comptes rendus de l'Académie des sciences*, t. LXXVIII, p. 565 sq. 23 février 1874). — Cf. Tchihatchef, *Asie Mineure*, 4e partie.

haut d'entre eux existe un cratère bien formé, de 200 mètres de diamètre, d'où sont sortis une petite coulée de lave grésiforme et de nombreux blocs épars.

L'éruption de cette masse ignée a fait émerger les couches épaisses de tuf ponceux qui couvraient primitivement le fond de la mer. Ainsi s'est formé un isthme bas, long de 4 milles et large de 2 à peine, qui réunit l'une à l'autre les deux régions constitutives de l'île.

A quel grand phénomène se rattachent, d'une part, la séparation entre la partie orientale de l'île de Kos et le continent, de l'autre, la formation de la partie occidentale? La réponse n'est point douteuse : toute la région maritime au sud de l'île de Kos, sur une circonférence d'une vingtaine de milles de diamètre, est le siége d'une action volcanique dont la puissance s'est manifestée par le soulèvement de l'île de Nisyros et des îlots voisins de Pakhia, Pyrgousa, Kandeliousa, Ghyali, Stronghylo-Nisi, ainsi que d'une partie de Tilos. La force qui a fait surgir à 720 mètres de hauteur le cratère de Nisyros a dû tout ébranler bien loin aux alentours. Cette force sommeille aujourd'hui, mais elle n'est pas éteinte : le volcan de Nisyros n'a jamais cessé de fumer. Sur quelques cartes du moyen âge, il est dessiné vomissant des flammes. Il a produit l'an dernier et il y a deux ans des dégagements considérables de gaz, de vapeur et d'eau chaude [1]. Tout autour et spécialement au N. O., sur l'espace de mer de 9 milles qui s'étend jusqu'au rivage de Kos, espace où la profondeur ne dépasse pas 200 brasses, le sol est dans une continuelle agitation ; les vieillards se rappellent le temps où Ghyali était coupée par un étroit canal accessible aux caïques ; maintenant ce canal est devenu un isthme de plusieurs pieds de haut. Vers la pointe S. O. de cette petite île, des bulles de gaz s'échappent continuellement de la mer. Dans Kos même, il existe sur plusieurs points des soffioni et des fissures. Enfin toutes les îles à une grande distance, Kalymnos, Kos, Tilos, Khalki, Rhodes, Kasos, Karpathos, Symi, et tout le littoral de l'Asie Mineure en face de ces îles sont fréquemment secoués par des tremblements de terre ; bien des témoignages historiques attestent à quelle violence ces commotions sont parfois parvenues [2].

[1] H. Gorceix, plusieurs lettres insérées dans les *Comptes rendus de l'Académie des sciences*, 1873 et 1874.

[2] Le premier de ces grands tremblements de terre qui nous soit connu eut

Chose curieuse ! les affirmations de la géologie peuvent ici s'appuyer sur celles de la tradition mythologique. Les Grecs racontaient que Poseidon avait lancé sur le géant Polybotès[1], qui cherchait à lui échapper à la nage, un énorme morceau de l'île de Kos, et qu'ainsi s'était formée Nisyros, sous laquelle le Titan, écrasé mais immortel, s'agitait encore[2]. La drachme[3] de Nisyros portait au revers, en mémoire de ces faits, le dieu, assis sur un rocher, son trident à la main. La tradition est inexacte dans la forme, il est vrai : Nisyros, entièrement composée de trachytes, de laves et de ponces, n'a pas été formée aux dépens de Kos; mais il

lieu en 412 ou peu de temps auparavant : il renversa complétement la ville d'Astypalæa (Thucyd. VIII, 41. *Καὶ ὑπὸ σεισμοῦ, ὃς αὐτοῖς ἔτυχε μέγισῖός γε ὧν μεμνήμεθα γενόμενος ξυμπεπῖωκυῖαν*). Le second se produisit sous le règne d'Antonin le Pieux (Paus. VIII, XLIII, 4. *Λυκίων δὲ καὶ Καρῶν τὰς πόλεις, Κῶν τε καὶ Ῥόδον ἀνέτρεψε μὲν βίαιος ἐς αὐτὰς κατασκήψας σεισμός· βασιλεὺς δὲ Ἀντωνῖνος καὶ ταύτας ἀνεσώσατο δαπανημάτων τε ὑπερβολῇ καὶ ἐς τὸν ἀνοικισμὸν προθυμίᾳ.* Tertullien. *Apolog.* XL : « Legimus Hieran Anaphen et Delon et Rhodon et Con insulas multis cum millibus hominum pessum abiisse »). En 554, nouvelle catastrophe dont Agathias, arrivé par hasard dans l'île peu de jours après, fait un très-curieux et très-long récit (Agath. *Hist.* II, 16, p. 98, 99, 100, de l'éd. Niebuhr). Il nous montre la mer soulevée, inondant les maisons situées sur le rivage (*ἥ τε γὰρ θάλαττα ἐπιπλεῖσῖον ἀρθεῖσα κατέκλυσεν τὰ παράκτια τῶν οἰκημάτων*), une épaisse poussière obscurcissant l'air (*καὶ κόνις πολλὴ ὕπερθεν φερομένη καὶ ἐπηλυγάζουσα τὸν ἀέρα*), la plupart des maisons et des édifices s'écroulant et jonchant le sol de leurs débris (*ἅπαν μὲν γὰρ τὸ ἄσῖυ σχεδόν που χῶμά γε ἦν ἐπὶ μέγα ἠρμένον, καὶ λίθοι κειμένοι σποράδην, κιόνων τε τρύφη καὶ ξύλων κατεαγότων*), les masures de boue ou de brique crue restées seules debout (*ὀλίγα δὲ ἄττα δωμάτια εἱστήκεσαν ἀπαθῆ, καὶ ταῦτα οὐχ ὅσα..... μᾶλλον μονίμῳ κατὰ τὸ εἰκὸς ὕλῃ ἐξείργασῖο, μόνα δὲ τὰ ἐκ πλίνθου ἀπέφθου καὶ πηλοῦ ἀγροικότερον πεποιημένα*), la plupart des habitants écrasés (*ἀπολώλασι δὲ χύδην σχεδόν τι ἅπαντες οἱ ἀσῖοὶ, εἴτε ἐν ἱεροῖς ἐτύγχανον πεφευγότες, εἴτε καὶ οἴκοι διαιτώμενοι*), les survivants errant çà et là au milieu des décombres d'un air farouche et morne (*ἄνδρες δὲ σποράδην ὀλίγισῖοι ἀνεφαίνοντο σκυθρωποί τε ἄγαν καὶ κατηφεῖς*), l'eau des sources devenue salée et impossible à boire (*ἅπαν τὸ ἐγχώριον ὕδωρ..... ἐς τὸ ἁλμυρὸν ἠρέμα καὶ ἄποτον μετεβέβλητο*). Enfin, le 8 octobre 1493, un tremblement de terre ruina les murs de Néranzia, de Palæo-Pili, d'Andimakhia et de Képhalo, fit périr plus de 5,000 habitants, et mit l'île hors d'état de se défendre contre les Turcs qui la prirent sans résistance (Coronelli).

[1] *Πολυβώτης*, aux grands cris.

[2] Strabon, X, v, 16, *φασὶ δὲ τὴν Νίσυρον ἀπόθραυσμα εἶναι τῆς Κῶ*, etc. — Apollodore, *Bibl.* I, 6, 2, 4. — Pline, *H. N.* v, 36. — Pausanias, I, 11, 4. — Cf. Otfr. Muller, *Manuel d'arch.* I, 185; Millingen, *Uned. mon.* I, 7.

[3] Pièce très-rare. Au droit, tête de femme à gauche, probablement Aphrodite. Au revers, Poseidon. A l'exergue, ΝΙΣΥΡΙΩΝ ΙΜΕΡΑΙΟΣ.

n'en est pas moins intéressant de voir la légende associer ainsi intimement l'origine des deux îles.

L'arête calcaire qui forme en quelque sorte la charpente de la partie orientale de Kos, est une montagne d'environ 12 milles de long, droite, étroite et aiguë comme la faîtière d'un toit. C'est sans doute à la séparation complète qu'elle établit entre la côte nord et la côte sud qu'elle doit son nom générique de mont Dikhios (*τὸ Διχεῖο βουνό*) [1]. Le sommet principal en occupe à peu près le milieu ; il a 930 mètres de hauteur. A partir de ce point, la chaîne s'abaisse graduellement des deux côtés : à l'est, les monts Adoniti [2] et Pipéria n'ont plus que de 4 à 500 mètres, et le dernier se termine par le cap peu élevé d'Haghios-Phoukas ; à l'ouest, les montagnes décroissent de hauteur également vite, mais elles gagnent en épaisseur ce qu'elles perdent en élévation. Elles s'étalent en plateaux étagés les uns au-dessus des autres, contournés, entrecoupés de profondes gorges creusées par les eaux. Ces plateaux envahissent toute la largeur de l'île.

Du côté du sud, les flancs du mont Dikhios sont partout à pic. C'est dans un espace de moins de 2 kilomètres [3] que l'on descend de l'arête de la chaîne jusqu'au niveau de la mer. Aussi ce côté de l'île est-il non-seulement inhabité [4], mais presque absolument impraticable. Seuls les bergers y conduisent quelquefois leurs chèvres, et les bûcherons y vont de temps en temps couper les lentisques, les pins, les chênes verts et les genévriers qui s'accrochent aux aspérités du rocher. Les habitants de Nisyros prétendent que c'est de ce versant que leurs ancêtres ont tiré les blocs de beau marbre blanc si nombreux dans les ruines de Mandraki [5]. Le fait est fort possible, mais à Kos personne ne connaît l'existence de ces anciennes carrières.

[1] De *δίχα*, en deux. Si cette étymologie est exacte, le nom serait ancien, car *δίχα* n'est pas employé en grec moderne. Pline, dont les renseignements sur les Sporades sont très-souvent erronés, appelle Prion la montagne de Kos. (Pline, *H. N.* v, 36.)

[2] Nom évidemment ancien.

[3] Mesuré horizontalement.

[4] Il ne s'y trouve qu'une seule maison, qui appartient à un Nisyrien venu là pour exploiter des bois.

[5] C'est le nom du village établi sur l'emplacement de l'ancienne ville de Nisyros.

Le versant nord du mont Dikhios s'abaisse au contraire par des pentes longues et douces. Aux sapins qui en couvrent les escarpements les plus hauts, succèdent, sur tous les contre forts, des villages entourés de bouquets d'arbres et de vergers. De nombreuses sources d'une eau fraîche et abondante ruissellent de toutes les gorges, au milieu des arbousiers, des myrtes et des lauriers. Nulle part dans l'Archipel on ne trouve plus de verdure, plus de fraîcheur, des sites plus variés et plus charmants. Au-dessous de cette zone, d'interminables vignes couvrent les pentes inférieures de la montagne. Ces ondulations extrêmes se terminent insensiblement dans une plaine d'à peu près 4 kilomètres de large, qui s'étend jusqu'à la mer. Deux montagnes sœurs, le Méso-Vouno et le Prophitis-Hilias, mamelons aux formes molles et aux pentes nues, reliés au mont Dikhios par une série de hauteurs moins importantes, s'avancent au milieu de cette plaine jusqu'à un grand marais salant en communication avec la mer, et la divisent en deux parties. La plus petite, à l'ouest (environ 15 kilomètres carrés), plus haute, plus argileuse et plus sèche, est particulièrement propre à la culture de l'orge et du blé; les *ποταμοί*, descendus de la montagne, à sec en été, mais véritables torrents en hiver, s'y sont creusé des lits profonds, dont les berges sont tellement à pic que lorsqu'on s'écarte des sentiers frayés on cherche parfois longtemps un passage. La plus grande, à l'est, d'une étendue à peu près double (environ 32 kilomètres carrés), est presque sans pente. Cinq à six torrents y errent paresseusement et comme au hasard. Cette plaine s'abaisse de plus en plus vers son extrémité orientale. Là des terres noires, humides, se prêtent admirablement à la culture potagère. C'est là aussi que s'élève, au milieu des restes de plantations d'orangers et de citronniers, la capitale de l'île, Khora[1].

Un gros château rectangulaire, et, au sud du château, sept à huit cents maisons serrées les unes contre les autres, entre la mer et des jardins, voilà Khora.

Bâtie sur le rivage, elle n'a pourtant point de port commode. La vaste rade en arc de cercle qui s'étend depuis le cap de Sable

[1] Χώρα signifie *ville* en grec moderne. Dans toutes les îles, la localité la plus importante est ainsi appelée par les habitants.

(Khoum-Bournou [1]), sur lequel la Société des phares ottomans a placé un petit feu rouge, jusqu'à la pointe également basse de Psalidi, est largement ouverte au N. E. Lorsque règne avec un peu de force l'un des deux temps ordinaires dans l'Archipel pendant la belle saison, les *mertems* [2] ou bourrasques de N. E., les coups de *Μάεστρος* ou mistral (N. O.), les vagues y sont aussi fortes qu'en pleine mer. Arrêtées dans leur élan par l'élévation rapide du fond, elles roulent en écumant, déferlent sur la grève sablonneuse et s'étalent jusqu'au pied des maisons. Aucun navire ne peut alors tenir sur ses ancres. Les vapeurs même qui desservent l'échelle passent sans s'arrêter, doublent le cap Haghios-Phoukas ou se réfugient à Boudroun, qui n'est qu'à 15 milles de distance. Même les coups de *Σορόκκος* (S. E.) et d'*Αὔστρία* (Sud), qui n'arrivent sur la rade qu'en passant par-dessus la terre, descendent du Dikhio-Vouno avec une telle impétuosité qu'ils soulèvent dans la rade une houle assez forte pour rendre impossible toute communication avec les navires au mouillage. Aussi Khora n'a-t-elle aucune importance maritime. En automne seulement, époque de l'exportation des fruits, quatre ou cinq goëlettes et bombardes [3] et quelques caïques [4] courent, pendant le peu d'heures nécessaires à leur chargement, les chances d'un ancrage aussi incertain. La rade a

[1] Ce nom turc est également employé par les Grecs.

[2] Mot turc employé aussi, comme le précédent, par les Grecs.

[3] Bâtiments à deux mâts, celui de misaine plus haut et gréé carré, celui d'artimon très-faible et ne portant qu'une brigantine. Les bombardes, très-relevées à l'avant et à l'arrière, tanguent beaucoup, mais tiennent très-bien la mer. Leur jauge ordinaire est de 20 à 40 tonnes, mais il y en a de beaucoup plus grandes. L'équipage en est très-fort, à cause de l'énormité de la voilure.

[4] Les caïques sont des barques de 3 à 10 tonneaux en général. Il y en a de plusieurs sortes. Les plus nombreux dans les îles grecques sont :

1° Les *τσερνίκια*. Un seul mât très-élevé. Une énorme livarde, et, suivant la grandeur, une, deux ou trois voiles carrées; de plus un long beaupré et plusieurs focs. L'étrave est très-inclinée, la quille courte, la coque évasée, le pont, en pleine charge, presque au ras de l'eau. A la mer, on exhausse le bordage au moyen d'une bande de toile, sans quoi le pont serait sans cesse dans l'eau. Les tserniks ont une marche supérieure, surtout grand largue, et s'élèvent bien au vent. Mais la manœuvre de leur voilure est compliquée, et l'avant trop faible pour qu'ils tiennent bien à la cape par un très-gros temps.

2° Les mistics et les bratzères (*μπρατζέραις*) à deux mâts, gréés dans les mistics en deux voiles latines, dans les bratzères en deux voiles à bourcets. Moins bons marcheurs que les tserniks, les mistics et les bratzères sont plus solides à la mer, s'élèvent encore mieux et se manœuvrent avec moins de bras.

alors un peu d'animation. Dans les autres saisons, elle est déserte.

Un chenal étroit, peu profond et d'une orientation incommode, ouvert au nord du château, donne accès dans le véritable port de Khora, le *Mandraki*[1], creusé de main d'homme à l'époque hellénique. C'est un bassin à peu près rectangulaire, séparé de la mer par la masse du château et bordé, de l'autre côté, par les faubourgs de la ville et par les platanes d'un cimetière turc. L'étendue en est assez vaste; mais mal entretenu, sans doute, par les empereurs byzantins et les chevaliers de Saint-Jean, plus négligé encore par les Turcs, obstrué, d'ailleurs, à l'entrée, par l'agrandissement de la citadelle après la conquête, il est aujourd'hui presque entièrement ensablé. C'est à peine si le tiers en est accessible aux caïques d'un faible tonnage. Le reste n'est qu'un marécage fétide et fiévreux.

La citadelle baigne, à l'est, ses hautes murailles dans le Mandraki. Elle a la forme d'un rectangle allongé du sud au nord, flanqué aux angles de gros bastions en forme de tours. Ses escarpes, construites sans doute avec les pierres des fortifications helléniques, sont ornées çà et là de bas-reliefs antiques, plaqués au hasard, et d'armoiries du moyen âge. La mer, le Mandraki et le chenal qui y donne accès, l'entourent à l'est, à l'ouest et au nord. Un large fossé, qui devait être jadis une seconde passe du port, est creusé au sud, entre elle et la ville. C'est là que s'ouvre la seule entrée de la place, entrée formée de plusieurs portes successives auxquelles on arrive par un long pont-levis. Dans l'intérieur, quelques baraques qui servent de casernes, le konak[2] du gouverneur, un mauvais magasin à poudre; enfin, au milieu de la place d'armes, les murailles en partie écroulées, en partie lézardées et hors d'aplomb, du château des chevaliers.

Cette forteresse date des premiers temps de la conquête musulmane, et rien dans sa construction n'a été changé depuis; à supposer même, ce qui est douteux, que sa garnison débraillée fût d'humeur à se bien défendre, elle serait vite délogée, par l'artillerie des navires de guerre, de terre-plains sans casemates. Mais,

[1] *Μανδράκι* est le diminutif de *Μάνδρι* (parc à moutons). C'est le nom que donnent les marins grecs à tous les ports bien fermés.

[2] Les Turcs appellent *konak* toute maison un peu considérable, et spécialement la résidence d'un fonctionnaire.

il faut en convenir, il serait fort difficile à la population de l'île de donner l'assaut, un jour de révolte, à ces hautes escarpes. C'est d'ailleurs du côté de la ville qu'il y a le plus de pièces en batterie.

Les canons qui garnissent les embrasures sont, pour la plupart, de ces lourdes et disgracieuses pièces de fer comme les Turcs en ont fabriqué jusqu'au commencement de ce siècle. Çà et là, cependant, quelque couleuvrine armoriée, prise aux Impériaux, aux Vénitiens ou aux Espagnols, contraste par ses formes élégantes, sa belle patine verte, ses ornements curieusement fouillés, avec l'aspect noir et maussade de ses voisines. J'ai remarqué surtout une admirable pièce qui porte le nom d'Amadis et la signature du fondeur Manoli. Quand ira-t-elle rejoindre à la Monnaie de Constantinople ses sœurs de Rhodes et d'Adalia?

C'est au sud de la citadelle et du Mandraki que s'étend la ville. Pressée entre ces deux obstacles, la mer, et, des autres côtés, sa vieille enceinte des chevaliers que, lors de la guerre de l'indépendance, les Turcs ont forcé les habitants chrétiens à réparer de leurs propres mains, elle est ramassée sur elle-même, et, comme toutes les villes d'Orient, tortueuse et sale. Les maisons enjambent souvent sur la rue et forment de longs passages voûtés, dans les recoins obscurs desquels s'accumulent les immondices. Des chiens pelés, rogneux, galeux, sont ici, comme dans les villes turques, seuls chargés de l'entretien de la propreté, fonction dont ils s'acquittent fort mal, à vrai dire. Incessamment en butte aux coups de pieds, de bâtons et de pierres des polissons chrétiens, ils n'ont d'ailleurs ni le sans-gêne, ni l'humeur hargneuse de leurs confrères de Stambol.

Une seule rue, le Tcharchi, la Rue par excellence, qui traverse la ville de part en part et à laquelle aboutissent plus ou moins directement toutes les autres, a un peu d'animation. Bordée de longues rangées de boutiques de marchands d'étoffes, de bakals [1], de barbiers, de quincailliers, elle tient lieu du bazar des villes musulmanes. C'est là que se concentre toute l'activité commerciale

[1] *Bak-al*, regarde, prends : mot turc employé aussi par les Grecs; un marchand qui est à l'épicier ce que le gargotier est au restaurateur ou le savetier au cordonnier. Le bakal n'a guère dans son échoppe que des barils d'olives noires et de poissons dans la saumure, du fromage du pays, de la mauvaise huile, du riz et autres choses à l'avenant.

de Kos, là que l'on négocie les affaires, que l'on va chercher à coup sûr les gens dont on a besoin.

A l'une des extrémités du Tcharchi, hors de la porte bardée de lames de fer qui donne accès dans l'enceinte de la ville, est une grande place ombragée d'arbres, égayée par une fontaine turque et bordée de cafés toujours remplis de muletiers et de paysans. C'est là qu'on monte en selle pour toutes les courses dans l'île et que, chaque matin, les bourgeois de Khora vont acheter leurs légumes, leurs fromages et leurs fruits. Cette place, à la fois marché et lieu de réunion, a conservé de l'époque romaine le nom de *Φόρος*[1].

A l'autre extrémité, le Tcharchi se divise en deux branches : l'une aboutit au bord de la mer, à un misérable appontement où les caïques peuvent accoster quand le temps est calme. En face, un beau café à arcades, dans le genre des cafés de Syra, a été construit depuis peu ; c'est le rendez-vous des négociants chrétiens ; ils s'y réunissent régulièrement chaque après-midi, après la sieste, et, tout en fumant leur narghileh et en jouant au tavli[2], regardent passer les bateaux et causent d'affaires. L'autre branche conduit à la fois à la porte de l'enceinte qui mène au Mandraki, et à la fameuse *place d'Hippocrate*, dont tous les voyageurs ont parlé et que Choiseul-Gouffier a dessinée.

A deux pas de l'agitation du Tcharchi et de l'Échelle, la place d'Hippocrate est un endroit toujours silencieux et tranquille. C'est un espace irrégulier, merveilleusement encadré, d'un côté, par un vieux palais à assises noires et blanches, aujourd'hui converti en mosquée, d'un autre par les cyprès d'un petit cimetière, les fossés et le pont-levis de la citadelle, du troisième enfin par de pittoresques échoppes en bois. Au milieu, un énorme platane couvre toute la place de son ombre. Ses racines, sorties peu à peu de terre, sont protégées par un petit mur qui exhausse le sol autour d'elles. Ses longues branches horizontales, épanouies en éventail, auraient cassé sous leur poids si on n'avait pris soin de les soutenir par des colonnettes de granit prises à quelque édifice de basse époque. Peu à peu l'extrémité de ces colonnes a pénétré dans l'écorce, et la pierre fait maintenant corps avec le bois. Deux

[1] Forum.
[2] Sorte de tric-trac.

fontaines turques, de forme assez gracieuse, mêlent au roucoulement des tourterelles dans les hautes branches le son argentin de leur eau qui coule toujours. Involontairement on se rappelle les jolis vers d'Horace :

> ...Queruntur in silvis aves
> Fontesque lymphis obstrepunt manantibus
> Somnos quod invitet leves.
>
> Hor. *Epod.* II, 26.

Aucun lieu n'est mieux fait pour aller goûter, pendant la chaleur d'un jour d'été, cet état de demi-somnolence, consciente et satisfaite, que les Orientaux appellent *kief*. Les Turcs surtout, plus sensibles aux beautés de la nature, le fréquentent assidûment.

Dans le petit mur qui entoure l'arbre, un gouverneur de Kos a eu l'heureuse idée de faire encastrer une douzaine d'inscriptions grecques, réunies moitié par achat, moitié par force.

Les gens de Khora sont très-fiers de leur platane. Ils prétendent que c'est sous son ombrage qu'Hippocrate réunissait ses disciples : la plupart, il est vrai, ne savent pas très-bien si c'est Hippocrate qui donnait en cet endroit des leçons de *rhétorique*, ou Socrate qui y enseignait les *mathématiques*. Les deux noms riment, et une version est aussi vraisemblable que l'autre.

Trop à l'étroit dans ses murailles, Khora s'est entourée de vastes faubourgs. D'interminables rues, bordées de hautes murailles, se prolongent hors des portes entre les jardins et les maisons de campagne (*ἐξοχαίς*). Avoir une maison en ville, un magasin sur le Tcharchi et une *ἐξοχή* au milieu des orangers, c'est l'ambition de tous les richards de Kos. Ces *ἐξοχαίς* se ressemblent toutes : une grande maison, haute et carrée, appelée *tour* (Koulah en turc [1], *πύργος* en grec), moitié villa, moitié ferme. Devant, une noria (*μαγγανοπηγάδι*), dont la roue fait entendre du matin au soir son grincement monotone, interrompu seulement quand l'âne qui la fait mouvoir, se sentant mal surveillé, s'arrête pour dormir un instant. Tout autour, un jardin où les carrés de salades, de tomates, d'aubergines et de gombauts, alternent avec les plantations d'orangers et de citronniers. Avant ces dernières années, ces plantations faisaient la richesse de la ville. Elle tirait de la forêt

[1] Prononciation anatoliote.

toujours verte dont elle était entourée le nom de Nérantzia[1]. Mais depuis quinze ou vingt ans, la maladie qui a dévasté les jardins de l'Anatolie et de l'Archipel[2] s'est attaquée aux orangers de l'île de Kos. Presque tous sont morts : les derniers survivants, sans feuilles, sans séve pour nourrir les fruits qui se dessèchent sur leurs branches, semblent ne pas devoir résister longtemps. Les jardiniers renoncent à les cultiver et les remplacent par des oliviers; mais il faudra bien des années pour que ces arbres, dont la croissance est si lente, donnent les mêmes produits.

Cette calamité a eu cependant, aux yeux des chrétiens, son bon côté, et c'est là un épisode assez inattendu de la lutte de la race grecque contre la race turque. Après la conquête, les musulmans avaient chassé tous les chrétiens de Nérantzia et des environs, et s'étaient établis dans leurs maisons et sur leurs terres[3]. Lorsque les vaincus revinrent dans la ville, peu à peu et un à un, ce fut comme ouvriers, comme matelots, comme marchands surtout; bientôt les capitaux furent entre leurs mains. Mais les Turcs retinrent avec obstination la propriété foncière. Ne vivant que du produit de leurs jardins, la maladie des orangers les ruina; beaucoup durent vendre aux chrétiens leurs maisons de campagne et émigrer en Anatolie. Ceux qui conservent encore leurs koulahs sont, pour la plupart, pauvres et accablés de dettes; bientôt ils vendront à leur tour. Ainsi, peu à peu, les Grecs reconquièrent à beaux deniers leur île[4].

[1] *Νεραντζία* en grec moderne veut dire seulement « oranger sauvage, » par opposition à *πορτοκαλία* « oranger cultivé. » Mais ce nom s'appliquait sans doute primitivement aussi bien aux arbres à fruits doux qu'aux autres.

Dans une sentence arbitrale rendue le 24 septembre 1448 à Kos, au sujet d'un procès entre le monastère de Patmos et le connétable Mangafa, le nom de la ville est écrit Néranzia. Buondelmonte l'appelle Arangea, Coronelli Arangia. Jusqu'à ces dernières années, surtout dans les actes publics, les Turcs ont continué à la nommer Nérindjeh.

[2] C'est une espèce de phylloxera qui vit aux dépens des orangers, des citronniers et des cédratiers. On a remarqué que dans chaque localité il attaque d'abord une de ces espèces d'arbres, et ne commence à faire de mal aux autres que lorsqu'il a complétement détruit celle qu'il avait d'abord préférée. A Naxos, par exemple, il a attaqué successivement les orangers, puis les citronniers, et, jusqu'à présent, a épargné les cédratiers, qui sont la richesse de l'île.

[3] A l'époque où Coronelli écrivait, il était encore défendu aux chrétiens non-seulement d'habiter à Khora, mais même d'y passer la nuit.

[4] Cette disparition progressive de la race turque devant les diverses races

La population turque est cependant encore fort nombreuse dans la ville, et, quoi qu'en disent les Grecs, sur 4,000 habitants environ, elle n'en compte guère moins de 2,000. Le Tcharchi surtout, le cœur de la cité, est entièrement musulman. Cette population est là ce qu'elle est partout, honnête et tranquille, mais lourde d'esprit comme de corps, et rebelle à tout progrès. On lit dans l'attitude du paysan, juché sur son mulet entre deux paniers de légumes, du samardji [1], gravement occupé dans sa boutique à coudre à un bât des chapelets de petits coquillages, on sent dans le regard froid qu'ils vous jettent, dans l'intonation de leur voix, un mépris sûr de lui-même, une répugnance invincible pour le ghiaour, cent fois plus instruit et plus riche. Et là comme partout, les femmes, qui nous semblent le plus souffrir de l'état social codifié par le Koran, sont les plus obstinées dans leur fanatisme, les plus acharnées dans leur haine contre les infidèles. Leurs maris, du moins, se montrent de plus en plus tièdes dans l'observation des prescriptions religieuses; ils boivent presque tous du raki [2]. L'année où j'étais à Kos, ils commencèrent le Ramazan deux jours trop tard, sous prétexte que le ciel était couvert et la lune invisible. Les femmes, au contraire, sont intraitables. Elles ne se contentent pas de se voiler bien plus sévèrement qu'à Stambol, elles ferment la porte quand un étranger passe, ou, surprises dans la rue, se jettent la face contre un mur en se couvrant la figure des deux mains et murmurant, jusqu'à ce que vous vous soyez éloi-

chrétiennes est un fait général que telle ou telle circonstance peut accélérer ou retarder, mais qui se produit partout et que tous les voyageurs qui ont étudié l'Orient avec quelque sérieux ont constaté. Voyez surtout un rapport de M. Ch. Blunt, consul d'Angleterre à Smyrne (Cf. *Revue des Deux Mondes*, avril 1861, p. 762). Les mauvaises mœurs de la société musulmane y contribuent pour beaucoup. Mais la principale et indestructible cause, c'est l'infériorité d'intelligence de la race turque. Cette race ne peut vivre dans les mêmes conditions où les Grecs, les Arméniens, les Albanais, les Slaves, les Roumains et les Bulgares parviennent non-seulement à vivre, mais à prospérer. C'est la loi de la sélection des races qui agit ici.

[1] Sellier-bourrelier. Profession très-fréquente dans un pays où tous les transports sont faits à dos de bêtes de somme.

[2] Le raki ou mastic est une eau-de-vie blanche, très-forte, et parfumée avec la gomme du lentisque de Khios. Grecs et Turcs en font grand usage. Mais les Turcs surtout, lorsqu'ils en boivent, ne connaissent aucune mesure. L'ivresse du raki congestionne sans faire divaguer comme celle du vin; mais, à la longue, elle aboutit à la consomption, au tremblement alcoolique, et souvent à l'hydropisie.

gné, quelque verset du Koran entrecoupé d'exclamations énergiques : « Cheithân ! Keupek[1] ! » etc. etc.

C'est une chose étrange que de voir cette population, établie depuis 380 ans sur une terre chrétienne, entourée de chrétiens de toutes parts, ignorer encore aujourd'hui la langue qui résonne sans cesse à ses oreilles. Ceux qui parlent le grec le baragouinent à peine; beaucoup l'entendent sans pouvoir le parler; les femmes ne le comprennent le plus souvent même pas. S'il est encore quelque naïf qui rêve la fusion des deux races, il n'a qu'à aller à Kos pour se convaincre de la vanité de ses espérances.

Par une belle après-midi de novembre, je partis du *Φόρος*, juché sur le bât d'un mulet (la seule monture de l'île), les pieds passés dans des cordes en guise d'étriers. Après avoir suivi une de ces longues rues suburbaines dont j'ai parlé et laissé à droite le petit village turc de Kermétais, dont les maisons blanches sont charmantes à voir, dispersées au milieu de grands arbres, mais dont la richesse et la population ont disparu avec la culture aujourd'hui abandonnée du kermès, nous commençons à gravir, en suivant les arcades d'un aqueduc moderne, le flanc des premières collines. Nues et arides en été, la pluie des jours précédents a revêtu ces pentes d'une herbe dont les pousses, encore fines et courtes, percent entre les touffes desséchées des astidis[2]. Aussi les troupeaux sont-ils nombreux, et la flûte des bergers résonne-t-elle de toutes parts, car les bergers de Kos jouent de la flûte comme aux temps bucoliques de Philétas et de Théocrite[3]. Tels ils étaient alors, tels ils sont aujourd'hui, avec leur sac de cuir attaché sur le dos, leur casaque en haillons et leur houlette recourbée.

> Ἐκ μὲν γὰρ λασίοιο δασύτριχος εἶχε τράγοιο
> Κνακὸν δέρμ᾽ ὤμοισι, νέας ταμίσοιο ποτόσδον·
> Ἀμφὶ δέ οἱ στήθεσσι γέρων ἐσφίγγετο πέπλος
> Ζωστῆρι πλακερῷ· ῥοικὰν δ᾽ ἔχεν ἀγριελαίω
> Δεξιτερᾷ κορύναν. . . . . .
>
> Théocrite, éd. Kiessling, *Id.* XI, v. 15.

« Il avait sur ses épaules la peau fauve d'un bouc aux poils épais et

[1] Diable ! Chien !

[2] L'astidi est une plante qui tapisse les montagnes des îles : elle ressemble parfaitement à de grosses éponges grisâtres hérissées de piquants.

[3] On retrouve encore aujourd'hui, dans les *στιχοπλοκίαις*, chansons d'amour

rudes, d'où s'exhalait une odeur de présure fraîche; une vieille tunique était serrée autour de son corps par une large ceinture, et sa main droite tenait une houlette recourbée d'olivier sauvage. »

Le souvenir de Théocrite s'impose d'ailleurs invinciblement à qui parcourt l'île de Kos. Il y a passé de longues années, il s'y est inspiré des chansons populaires, déjà revêtues d'une forme littéraire par Philétas; il y a placé enfin la scène d'une ses plus belles idylles, la XIe (les Thalysia). La route qu'il suivait lorsqu'il allait célébrer à Halente les fêtes de Déméter devait passer à peu de distance au-dessous de la nôtre. Voici du moins, devant nous, cette source Vourina dont il saluait au passage le beau site et l'origine fabuleuse :

> Χάλκωνος, Βούριναν ὃς ἐκ ποδὸς ἄνυε κράναν
> Εὖ γ' ἐνερεισάμενος πέτρᾳ γόνυ· ταὶ δὲ παρ' αὐτὰν
> Αἴγειροι πτελέαι τε εὔσκιον ἄλσος ἔφαινον,
> Χλωροῖσι πετάλοισι κατηρεφέες κομόωσαι.

« La source Vourina, que le héros Khalkon fit jaillir de son pied en appuyant avec force le genou contre la roche. Autour de la source, les ormeaux et les peupliers forment un bois ombreux et réunissent en voûte le vert feuillage de leurs cimes [1]. »

Les ormeaux et les peupliers ont été remplacés par des cyprès et d'énormes platanes. L'eau claire et abondante de la source [2] baigne leurs racines, avant d'aller se confondre avec la fontaine plus basse de Tsoukalaria, dans l'aqueduc qui alimente Khora. De sous l'ombrage de ces arbres, la vue se déploie sur une étendue immense. Au premier plan, la plaine avec ses champs et ses vignes, la ville, ses jardins, ses maisons pittoresquement groupées, la masse imposante de sa citadelle. Par delà, la mer, toujours sillonnée de navires; plus loin encore, la côte escarpée de l'Asie et tout le groupe septentrional des Sporades, les montagnes gris pâle de Kalymnos, les rochers violet sombre de Patmos, et, presque dans la brume de l'horizon, le haut sommet du mont

dialoguées, les restes des procédés et de l'inspiration de certaines idylles de Théocrite. Kos est d'ailleurs une des îles où la langue et les mœurs de l'antiquité ont laissé le plus de traces.

[1] Les deux premiers vers se prêtent à plusieurs interprétations, et se rattachent probablement à un mythe fort obscur des races aryennes sur l'origine des sources.

[2] Cette fontaine, un des restes les plus curieux de l'architecture grecque primitive, sera décrite dans la partie archéologique de ce travail.

Kerki (île de Samos) et la longue chaîne du Mycale. Derrière enfin, comme pour faire contraste à ce riche et gai tableau, les sapins du mont Adoniti sur lesquels se traînent, à l'approche du soir, quelques légers nuages.

La source Vourina est assez haut dans la montagne. En la quittant pour regagner la zone des villages, on descend par un sentier tracé en diagonale sur le revers du Dikhio-Vouno. Bientôt une forte odeur sulfureuse avertit que l'on approche de l'endroit appelé τὸ Μέταλλο (la Mine) ou τὰ Βούλκανα[1]. Les flancs du Dikhio-Vouno présentent en ce point, partout où la pluie a emporté la couche superficielle d'humus gazonné, des terres zébrées de jaune et de rouge par des infiltrations de soufre et sillonnées de petites crevasses. Une chaleur parfaitement sensible se dégage de plusieurs de ces fissures. D'entre les interstices des pierres s'échappent, çà et là, des *soffioni* d'air tiède et suintent de petits filets d'eau, fortement acidulés, qui blanchissent au contact de l'air, tandis que l'acide sulfhydrique s'en dégage en crépitant. Une seule de ces sources est utilisée : c'est de beaucoup la moins minérale, mais aussi la plus abondante de toutes. L'eau en est recueillie dans une auge en pierre, au pied d'un beau platane, et, dans certaines maladies, les paysans viennent en boire quelques gouttes.

Une demi-heure après les Voulcana, on arrive au petit hameau de Khaïkoutais[2], dont les trente maisons se groupent autour d'une belle source, au milieu d'une végétation touffue. Ici commence une suite ininterrompue de villages. A moins d'un quart d'heure de Khaïkoutais est Karyoti[3]; presque attenant à Karyoti, Asphendiou[4]. A une demi-heure d'Asphendiou, le hameau turc de Koniario, composé de vingt à trente feux[5]. Les maisons de tous

[1] Ici encore je renvoie aux lettres de M. Gorceix.

[2] Χαϊκουταίς. Ce nom paraît venir du mot turc Khaïkut, dérivé lui-même du nom de la ville indienne de Kali Katta ou Calicut, et qui désigne les Arabes et les Indiens de la côte de Malabar. La population actuelle du hameau est d'ailleurs chrétienne.

[3] Καρυώτης, le village des Noyers. Nom très-vraisemblablement ancien, car la même étymologie, en grec moderne, donnerait quelque chose comme Καρυδιώτης, et non pas Καρυώτης.

[4] Encore un nom ancien. Ἄσπενδος est le nom d'une grande ville de la Pamphylie.

[5] Koniario est sans doute l'équivalent grec du turc Konialc, le village des gens de Konieh.

ces villages s'éparpillent sur des croupes accidentées de la montagne, entre des gorges étroites et profondes où ruissellent des eaux abondantes, où la végétation a cette vigueur humide à laquelle l'Archipel n'habitue guère ses visiteurs. Les buissons de myrtes, les touffes de lauriers, les arbousiers, les buis, les vignes sauvages, s'entremêlent aux peupliers, aux platanes et aux noyers. Au milieu de ce fouillis d'arbres, les habitations, si pauvres et si sales qu'elles soient, prennent une apparence de gaieté et un charme pittoresque. La vue superbe dont on jouit de toutes contribue, d'ailleurs, singulièrement à les embellir.

De tous ces villages, Asphendiou est le plus grand et le plus riche : il se compose de deux parties, séparées par toute la largeur d'un vallon couvert de verdure : Karyoti à l'est, avec deux cents maisons; à l'ouest, Asphendiou proprement dit, qui n'en a qu'une centaine. Toute la plaine jusqu'à la mer, entre le Méso-Vouno et l'étang salé, à l'ouest, jusqu'au fleuve Messaria, à l'est, est cultivée par les gens d'Asphendiou. Dans cette partie elle est presque uniquement couverte de vignes, travaillées avec soin et taillées comme dans le midi de la France, en ceps d'où les sarments divergent librement. Ces vignes produisent les deux raisins appelés Rosaki et Sultanine[1]. De là viennent les raisins frais qui sont le principal objet d'exportation de Kos. Jusqu'à cette époque avancée (novembre), on y cueille de belles grappes dorées que cinq ou six caïques, mouillés en pleine côte à l'échelle d'Asphendiou (sept ou huit taudis épars sur la plage et appelés pompeusement *μαγάζια*), chargent pour Kalymnos, Symi, Kasos, et même pour Alexandrie.

Les flancs du Dikhio-Vouno conservent le même aspect riant jusqu'à Koniario, caché lui aussi au milieu des grands arbres et sillonné d'eaux courantes. Après ce hameau, le sentier descend peu à peu sur les plateaux largement ondulés qui relient au mont Dikhios deux montagnes nues et grises, isolées au milieu de la plaine, le Méso-Vouno et le Prophitis-Hilias. Sur ces terres argileuses et profondes, les champs d'orge succèdent aux vignes. Après avoir laissé à gauche le village abandonné de Paléo-Pili[2], blotti au

[1] Le Rosaki est un raisin à longues grappes, à gros grains espacés, durs et entourés d'une peau épaisse. Il se mange frais ou sec. Le Sultanine ne se mange guère que sec : c'est alors un petit raisin très-blond, très-sucré, et qui présente la particularité de n'avoir pas de pepins.

[2] La principale curiosité de Paléo-Pili est le monastère, encore debout, fondé

fond d'une gorge sauvage que ferme presque entièrement un massif de rochers couronné par un château fort, la vue s'étend bientôt sur la seconde plaine de l'île de Kos, celle de Pili. Traversant le hameau d'Amaniou, on arrive bientôt au nouveau Pili, bâti sur les dernières pentes des plateaux, à l'entrée même de la plaine.

Pili (Πήλι) et Amaniou, qui en dépend, ne constituent pas, à proprement parler, un village. Les cent soixante maisons qu'ils comptent sont dispersées sur un espace de plus de 1 kilomètre carré, et séparées l'une de l'autre par des jardins et des champs. C'est que Pili n'était primitivement pas autre chose qu'un ensemble de khalivia[1], sorte de cabanes que les paysans venaient habiter à l'époque des travaux agricoles et abandonnaient ensuite. Peu à peu les propriétaires de ces khalivia sont venus s'y fixer d'une manière permanente. Ce n'est qu'autour de l'église et du misérable café où les habitants vont perdre chaque jour deux bonnes heures, que les maisons sont un peu plus pressées.

Pili est arrosé par plusieurs sources, qui se réunissent au-dessous du village dans le lit d'un des plus grands *ποταμοί* de l'île, le fleuve d'Haghia-Paraskévi. Ce fleuve, encore à sec malgré les pluies tombées depuis trois semaines, court comme un profond fossé à travers une vaste plaine couverte de ses alluvions. Elle commence au village et descend par une pente insensible jusqu'au bord de la mer. Aucune ondulation, aucun arbre, n'en interrompent la monotonie. Depuis l'église ruinée d'Haghios-Ghéorghios jusqu'à l'étang salé, ce n'est qu'un immense champ labouré, long de 4 milles 1/2 et large de plus de 2. Ces terres, grasses et profondes, que la pluie convertit en une boue gluante[2], sont en effet admirablement propres à la culture des céréales. Aussi, une année sur deux, y

par saint Christodule. On sait que ce farouche ascète ne trouva bientôt plus la solitude de Pili assez complète et alla fonder le couvent d'Haghios-Théologos sur les rochers alors déserts de Patmos.

Plusieurs chrysobulles mentionnent le couvent de Pili.

[1] Χαλίβια. Au moyen âge, la population de la Grèce s'est retirée partout sur les hauteurs les plus inaccessibles, quelquefois à une très-grande distance des terres cultivables. De là la nécessité de ces cabanes, habitées seulement au moment où les récoltes et les semailles exigeaient la présence du paysan pendant plusieurs jours de suite.

Depuis que l'Orient jouit de plus de sécurité, les anciens villages sont peu à peu abandonnés, et la population commence à s'établir à demeure dans les khalivia ou les échelles.

[2] Πήλι vient sans doute de πῆλος, boue.

sème-t-on de l'orge ou du blé, de l'orge surtout. L'année suivante, pour laisser reposer le sol, on y cultive des plantes d'une venue plus rapide, du sésame, du lin et surtout des melons (*χαβούνια*) et des pastèques (*χαρπούζια*). Si Asphendiou produit les plus beaux raisins, Pili est la patrie des pastèques. Nulle part, dans les îles de l'Archipel, elles ne sont plus grosses et meilleures. Elles atteignent communément le poids de 6 et 8 oques [1], il y en a qui pèsent jusqu'à 15. Aussi Pili fournit-il de pastèques toutes les îles voisines, Kalymnos, Nisyros, Symi, Kasos, Karpathos, Astypalia et jusqu'à Alexandrie, lorsque la saison de ce fruit est terminée en Égypte.

Çà et là, au milieu des champs, on aperçoit quelques vignes plantées depuis peu d'années. Cette culture, auparavant inconnue dans cette partie de l'île, y gagne peu à peu du terrain. Le seul obstacle qui en retarde les progrès, c'est le manque de bras. Le vaste territoire de Pili n'a, en effet, malheureusement que des habitants très-peu nombreux. Cent soixante familles ne parviennent pas à cultiver un espace qui, en France, enrichirait des milliers de paysans. Le sol, à peine gratté par leurs charrues dépourvues de renversoir et traînées par de petits bœufs sans force, ne donne que des récoltes hors de proportion avec sa fertilité réelle. S'il pleut, les herbes les étouffent; s'il ne pleut pas, la sécheresse les tue.

Les dernières maisons de Pili ne sont pas à une demi-lieue de l'extrémité occidentale de la plaine. A peine les a-t-on dépassées, et a-t-on franchi les dernières sources du fleuve d'Haghia-Paraskévi et le fossé profond, aux berges à pic, où coule, en hiver bien entendu, le ruisseau moins important du Stavrou-Pérama [2], que le sentier s'élève en serpentant sur de hautes collines, contre-forts du Dikhio-Vouno, puis débouche sur de vastes plateaux argileux. Vers le nord, ces plateaux s'abaissent peu à peu, par une pente régulière, jusqu'au rivage; ils sont au contraire plus élevés vers le sud, et de ce côté forment un talus rapide qui domine immédiatement la mer. Dans le sol à la fois mou et tenace dont ils sont formés, les eaux de pluie ont creusé des ravins profonds, sinueux, coupés à pic; et comme elles ne s'infiltrent que lentement dans ces couches

[1] L'oque est de 1,234 grammes.
[2] Σταυροῦ πέραμα. Passage de la croix.

compactes, plusieurs des torrents qu'elles alimentent, l'Axas[1], l'Anavallousa[2], le Kyparissos[3], conservent, même en été, quelques flaques d'eau sous leurs touffes de lauriers roses.

Rien de plus nu et de plus morne que la surface de ces plateaux; les champs stériles et mal travaillés y sont épars de loin en loin, au milieu de vastes espaces incultes, couverts seulement de touffes rases et grises d'astidi ou d'absinthe pontique.

C'est au milieu de cette triste région que s'élève le second en importance des villages de l'île, Andimakhia[4]. Trois cents masures de la plus misérable apparence s'éparpillent au milieu de maigres champs d'orge et de jardins plus maigres encore. Ce sont, en réalité, plusieurs petits hameaux réunis sous le même nom, mais séparés l'un de l'autre par des distances de 1 à 2 kilomètres, et dont les habitants frayent peu entre eux et ne se connaissent même pas tous. Le plus important de ces hameaux se compose d'une centaine de maisons, groupées autour d'une vaste place, ou plutôt d'un vaste espace triangulaire dont le sol marneux est tout creusé de silos. Trois cafés rivaux, trois cahutes enfumées, noires de crasse, encombrées de barils de harengs saurs, de sardines, d'olives noires, de fromages puants, se remplissent, matin et soir, d'une population dépenaillée, et dont il suffit de voir la marche traînante et les mouvements lourds pour s'expliquer la misère. Cette misère toutefois n'a pas empêché les Andimakhites d'entreprendre à frais communs la construction d'une église beaucoup trop grande pour leur nombre et trop coûteuse pour leurs ressources. L'édifice, de ce style hybride, mélange d'art russe et de tradition byzantine, que les architectes de Syra ont mis à la mode, restera sans doute longtemps encore inachevé[5].

[1] Comparez le nom d'Axios, porté dans l'antiquité par un fleuve de Macédoine.

[2] Ἀναβάλλουσα, *la jaillissante*, encore un nom ancien, car le verbe ἀναβάλλω n'est plus employé en ce sens dans le grec moderne.

[3] Ce nom aussi est ancien.

[4] Ἀντιμάχια, avec l'accent sur l'antépénultième, contrairement à l'usage ancien, et quoique le nom soit antique, ainsi que le prouvent plusieurs inscriptions.

[5] Le premier signe par lequel se manifeste le développement de la richesse dans un village grec est toujours la construction d'une église. Mais ailleurs cette construction marche de front avec celle d'une école. Kos, au contraire, est, au point de vue de l'instruction, une des plus arriérées des Sporades. Elle contraste à cet égard avec sa voisine Kalymnos, qui a non-seulement des écoles primaires, mais des écoles secondaires (Ἑλληνικὰ σχολεῖα) où l'on apprend quelques bribes de grec ancien et même un peu de français.

Comme Pili, Andimakhia n'est autre chose qu'une ancienne ἐξοχή, devenue village permanent. Beaucoup de ses habitants se rappellent avoir habité la vieille ville, située à une demi-heure au sud, à la partie la plus haute des plateaux et immédiatement au-dessus de leur talus méridional.

Bâtie sur une sorte de promontoire isolé entre deux profonds ravins, et relié au massif dont il dépend par un col étroit, Palia-Andimakhia occupait une position naturellement très-forte et à l'excellence de laquelle les chevaliers de Saint-Jean avaient ajouté d'énormes remparts[1]. Aussi purent-ils la défendre longtemps après l'abandon même de Nérantzia. Ils ne l'évacuèrent que lorsqu'un tremblement de terre l'eut en partie démolie. Devenus maîtres de la forteresse, les Turcs la considérèrent comme une des clefs de l'île, et, contre leur habitude, l'entretinrent avec assez de soin. Aussi, lorsque le soulèvement de la Grèce leur fit craindre pour leur domination dans les Sporades, lorsqu'ils réparèrent à la hâte les murs de Khora, la population chrétienne fut violemment chassée d'Andimakhia et dut se répandre dans la campagne. C'est ainsi que se forma le nouveau village.

Restés seuls dans la vieille ville, les Turcs l'abandonnèrent à leur tour peu à peu, les uns pour suivre les chrétiens dans la nouvelle, située plus près des terres cultivées, les autres pour se retirer dans la capitale. Il ne resta plus qu'une garnison, réduite depuis plusieurs années à une vingtaine de soldats. Il y a quelques mois[2], ces soldats ont à leur tour été rappelés, et la forteresse n'a plus pour la défendre que la serrure de sa porte massive et ses murs percés de plus d'une brèche. Du côté de l'isthme cependant, où une énorme demi-lune masque l'entrée, elle paraît encore intacte; mais au dedans, la désolation est complète. Les maisons sont encore debout pour la plupart, mais dépouillées de leur toiture, de leur porte et de leurs planchers. Quelques-unes s'écroulent déjà, et leurs matériaux encombrent les rues. Un vieux tapis en loques garnit encore le sol de la mosquée, qui n'a plus pour visiteurs que les faucons et les chouettes. Le silence et la désolation de cette ville abandonnée font une impression d'autant plus vive que ces ruines sont plus récentes.

[1] L'écusson de Pierre d'Aubusson est répété plusieurs fois sur le bastion principal.

[2] Ceci était écrit dans l'automne de 1871.

Tandis que la majeure partie des habitants d'Andimakhia allait se fixer au nord, sur le plateau, quelques familles descendaient au contraire au sud, dans la petite vallée qui, du pied de la citadelle, conduit à la mer. Trente maisons dispersées et une petite église, tel est le hameau de Kardamina. Mais le site est joli, la terre fertile, et les habitants, quoique pauvres, paraissent plus heureux que les Andimakhites. Comme les gens du plateau, c'est l'orge surtout qu'ils cultivent; ils récoltent aussi un peu de sésame, du coton, des melons et des pastèques. Les melons réussissent fort bien dans ces terres toujours un peu humides. Quant à la vigne, elle est inconnue à Kardamina comme à Andimakhia.

La route d'Andimakhia au dernier village de l'île, Képhalos, est d'une tristesse et d'une monotonie désespérantes. Pendant quatre heures, on traverse les mêmes plateaux marneux, les mêmes ravines creusées par les pluies. Après avoir dépassé l'église d'Haghios-Nicolaos, entourée de deux ou trois maisons et de quelques arbres, après avoir traversé la gorge sablonneuse d'où sort l'Anavallousa, on ne voit plus sur la lande aucune trace de culture. Le sol est tout couvert de bruyères et de touffes d'astidi au milieu desquelles quelques moutons laissés en liberté cherchent péniblement leur nourriture. Quant à des hommes, il est rare d'en rencontrer. Képhalos et Andimakhia sont trop éloignés pour avoir des communications fréquentes.

A mesure que l'on approche de l'isthme qui réunit les deux parties de l'île de Kos, le sentier descend peu à peu, et le sol devient plus sablonneux. Bientôt, si l'on se tient près du rivage nord, on chemine sur un terrain caillouteux semblable à une ancienne grève. Des *soffioni*, des filets d'eau acidulée, des plaques jaunâtres sur le sol, enfin et surtout l'odeur pénétrante de l'acide sulfhydrique, attestent que la région est travaillée par une action volcanique. En certains endroits, la terre est tellement imprégnée de soufre, qu'on a pu en extraire avec profit pour en répandre dans les vignes d'Asphendiou. Sur le rivage sud, il n'y a point de dégagements de ce genre : ce sont des dunes où le pied des animaux enfonce et où la marche est fort pénible. Enfin, par-dessus une large baie, on aperçoit au sommet d'une colline blanche et taillée presque à pic une ligne de maisons basses : c'est le village de Képhalos. La route descend sur le rivage en laissant à gauche le petit îlot de Kastri, simple rocher couvert de ruines du moyen âge derrière lequel quelques caïques sont parfaitement à l'abri, traverse une plaine poudreuse où des champs peu fertiles alternent avec des plantations de figuiers, puis monte par une pente fort roide le long des flancs de la colline. Laissant nos mulets qui, affaiblis par le jeûne de l'été, chancellent sur leurs jambes et s'arrêtent tous les dix pas pour reprendre haleine[1], nous grimpons droit devant nous, et après avoir donné un regard aux innombrables cavités creusées dans le sol friable de la colline, anciens tombeaux peut-être convertis en caves, en silos, en greniers, nous arrivons, en passant sur un tas de débris sans nom, au milieu des maisons du village.

Deux cents masures[2] à une seule pièce (*σπίτια ἁπλά*), éclairées simplement par la porte[3], se pressent sur le sommet de la colline,

[1] Pendant l'été, les animaux ne trouvent rien à brouter, et toute leur nourriture consiste en un peu de paille hachée qu'on leur distribue avec parcimonie. Après trois ou quatre mois de ce régime, c'est à peine s'ils peuvent se tenir sur leurs jambes. « Les animaux sont maigres, » *τὰ ζῶ εἶναι ἀδύνατα*, est une expression qu'on entend souvent en automne. C'est l'excuse que vous donne tout muletier quand on se plaint à lui que sa bête ne marche pas.

[2] C'est le chiffre qui m'a été donné par les habitants. Il me paraît un peu trop fort.

[3] Un rectangle allongé, entouré de quatre murs en moellons, crépis à la chaux, voilà ce qu'est d'ordinaire une maison grecque des îles, de celles du moins qui sont pauvres; le tout est couvert d'une terrasse, formée d'une épaisse couche d'une terre particulière, noire et grasse, imperméable à la pluie. Cette terre, bien foulée, repose sur un lit de joncs ou de cannevelles supporté lui-même par des poutres grosses et rapprochées. A l'intérieur, seulement un rez-de-chaussée, composé d'une seule pièce si la maison est simple, ou, si elle est double, de deux, l'une occupant tout le devant, éclairée par une large porte et d'étroites et petites fenêtres; l'autre, occupant le derrière et le plus souvent ne recevant de jour que par sa porte de communication avec la première. Le sol est en terre battue. Dans ces deux pièces, une des extrémités est élevée de deux pieds environ et recouverte de nattes ou de tapis : c'est le *sofa*. C'est là que l'on s'accroupit pour manger, et que l'on s'étend sur des courtes-pointes (*παπλώματα*) pour dormir. L'ameublement se compose de quelques nattes et de vieux tapis d'Anatolie sur le sofa; de *παπλώματα*, pendant le jour pliés et entassés dans un coin; de deux ou trois coffres en bois peint (*σενδούκια*) pour serrer les hardes, enfin, d'un *sofra*, petite table ronde, d'un pied de haut, que l'on met sur le sofa et autour de laquelle on s'asseoit à la turque. Les murs sont tapissés de bouteilles et de petits flacons précieusement accrochés à des clous, comme ornement. Pour toute batterie de cuisine, des cruches de toute forme et de toute dimension, une poêle et une ou deux casseroles en fer, quelques assiettes de Cardiff, ornées du portrait du roi Georges et de la reine Olga, des cuillers en bois, deux ou trois fourchettes ébré-

à l'extrémité de laquelle, du côté de la mer, se dresse une tour ruinée du moyen âge; la petitesse des habitations, plus basses, plus humbles que celles mêmes d'Andimakhia, les vêtements en haillons des habitants, tout montre que le village est misérable. En effet, le territoire de Képhalos est stérile, l'orge même y pousse mal, et les habitants n'ont guère pour nourriture que les plus rustiques des légumes, les ὄσπρεια (pois, fèves, vesces, lupins). Ils en exportent même une certaine quantité; ils vendent aussi, de temps en temps, aux gens d'Asphendiou, un peu de soufre impur; mais leur plus sérieuse ressource est l'élève des troupeaux. Indépendamment des landes qui s'étendent du côté d'Andimakhia et dont ils possèdent une partie, ils sont les seuls maîtres du massif de montagnes volcaniques qui forme l'extrémité occidentale de l'île et sur lequel il n'y a point de villages. Aussi les chèvres, les moutons, et même les bœufs et les ânes sont nombreux à Képhalos. Le soir, sur le col qui relie le village aux plateaux auxquels il est adossé, les troupeaux se pressent en faisant tinter leurs sonnettes.

Les habitants de Képhalos sont du reste assez résignés à leur misère. Ils s'en consolent en vantant le bon air dont ils jouissent et qui contribue, avec la bonne eau de source qu'ils boivent, à prolonger assez souvent leur vie au delà des limites ordinaires. Il y a, m'a-t-on dit, dans le village un vieillard de cent vingt ans et plusieurs autres qui approchent de la centaine [1].

Les jours de fête, il est vrai, ils cherchent volontiers dans le vin et le raki des consolations moins louables.

Cinq à six familles turques habitent encore Képhalos; un khodja leur récite la prière et instruit tant bien que mal leurs enfants. Isolés de leurs compatriotes, ces Turcs frayent plus cordialement qu'ailleurs avec les ghiaours et baragouinent tant bien que mal leur langue. Ceux-ci, par contre, ont si bien pris, les hommes le *sarik* (turban), les femmes les pantalons roses serrés aux chevilles, le *feredjé* et le *yachmak*, que si l'on n'était pas averti on pourrait croire le village entièrement musulman.

chées qui figurent quand il y a un étranger, mais dont on ne se sert pas. N'oublions pas les images saintes suspendues au mur, et devant lesquelles on ne manque jamais d'allumer le soir une veilleuse.

[1] Le climat des îles de l'Archipel est très-tempéré, l'air très-pur. Aussi les cas de longévité n'y sont-ils pas rares.

STATISTIQUE[1].

Population. — 8,500 habitants[2], environ 4,000 hommes et 4,500 femmes, telle est la population d'une île qui en nourrirait aisément 60 ou 80,000. Sur ce nombre, 2,500 environ sont Turcs; tous à peu près habitent Khora et le village de Kermétais, qui n'en est qu'une dépendance. Dans tout le reste de l'île, on ne compte que trente familles ottomanes à Koniario, quatre ou cinq à Andimakhia, autant à Képhalos, deux à Kardamina. Quelques-uns de ces Turcs sont marchands, la plupart jardiniers et cultivateurs.

Les juifs ne sont qu'au nombre d'une trentaine, fait assez surprenant quand on songe à la grande importance qu'avait à l'époque macédonienne la colonie juive de Kos. Eux aussi habitent tous dans la ville, où ils sont revendeurs et *sarafs* (changeurs).

La population grecque, un peu moins nombreuse à Khora que la population turque, occupe seule la campagne; elle semble s'accroître d'une manière constante, quoique assez lente. Actuellement elle compte de 6,000 à 6,500 âmes, qui se décomposent ainsi : une dizaine de gros négociants, à la fois marchands et banquiers, qui prêtent à gros intérêts aux petits propriétaires, bénéficient seuls du commerce extérieur et tiennent entre leurs mains toute la richesse de l'île; 180 petits boutiquiers, quincailliers, marchands d'étoffes et bakals; 10 à 12 cordonniers, autant de tailleurs, une cinquantaine de charpentiers et menuisiers, 20 forgerons, 40 cafetiers et cabaretiers (pauvres sires pour la plupart) et une vingtaine d'ouvriers de professions diverses. Les marins ne sont pas plus de 40 à 50; les pêcheurs ne sont qu'une dizaine.

150 ou 160 bergers gardent leurs moutons et leurs chèvres sur le Dikhio-Vouno ou dans les montagnes de Képhalos. Le travail

[1] Je dois une grande partie de ces renseignements à l'obligeance de M. Épaminondas Alexachis, agent consulaire de Grèce à Kos. La concordance presque toujours assez parfaite entre mes informations et celles de M. Alexachis me permet d'attribuer une certaine valeur aux chiffres que je vais donner. Toutefois l'exactitude n'en est certainement pas complète. Vouloir dresser une statistique rigoureuse d'un pays où le gouvernement ne sait pas, à un million près, le nombre de ses sujets, c'est une espérance par laquelle on serait inexcusable de se laisser séduire.

[2] C'est le chiffre de M. Alexachis; il me paraît un peu faible. Je le porterais volontiers à 9,000. Cela fait environ 39 habitants par kilomètre carré; cela correspond à peu près à la population de l'Indre, qui, par ordre de densité, vient au 84e rang parmi les départements français.

des champs, des jardins et des vignes fait vivre tout le reste de la population; il occupe au moins les bras de 1,200 hommes.

Le prix de la journée pour les vignerons et pour les manœuvres est de 5 à 6 piastres[1].

Quant aux femmes, à part un petit nombre de servantes employées dans les maisons des plus riches bourgeois de Khora, elles vivent du travail de leur mari et ne s'occupent que des soins de la maison. Ainsi que dans toutes les îles, elles sont regardées comme inférieures à l'homme et tenues dans la dépendance, quoique traitées avec douceur. Elles servent les hommes à table, ne mangent qu'après eux et ne se montrent guère aux étrangers que pour leur apporter le glyko et le café, en prononçant les paroles sacramentelles de bienvenue : *Καλῶς ὁρίσετε*, accompagnées d'une poignée de main. Sortant peu de la maison, elles sont timides, ignorantes et d'une intelligence quelque peu bornée.

Agriculture. — On l'a vu par les chiffres précédents, la population de Kos est essentiellement agricole. Aucune contrée, en effet, n'a de terres plus fertiles que cette île, et si les productions sont infiniment au-dessous de ce qu'elles pourraient être, si les habitants sont si peu nombreux et si pauvres, il ne faut s'en prendre qu'à deux causes : le mauvais système d'impôts de la Turquie, qui fait peser les plus lourdes charges sur la propriété foncière; l'obligation où la lourdeur de ces charges met le paysan d'emprunter à quelque riche marchand à un intérêt qui, dans les meilleures conditions, n'est jamais au-dessous de 10 à 12 p. o/o, et qui s'élève souvent à 15, 16 et même plus encore.

Il est difficile de se faire une idée exacte de la puissance productive et du prix vénal des terres. Chose singulière, les paysans de Kos ne connaissent aucune mesure agraire fixe. Ils évaluent la superficie des terres d'après la quantité d'orge qu'il est nécessaire d'y jeter pour les ensemencer[2]. Ainsi un champ de 10 *kilés* (*κοῖλα*) est un champ dans lequel on sèmera 10 kilés d'orge. Ce champ pourra avoir, suivant le plus ou moins de fertilité du sol, une étendue assez différente, et on y récoltera l'année suivante de 80 à 200 kilés. Le kilé lui-même est variable : ainsi, celui d'orge

[1] La piastre, je l'ai déjà dit, a à Kos une valeur fixe de 22 centimes.

[2] C'est ainsi que, dans le sud-ouest de la France, on dit « une *borde* de 10 sacs de blé » d'une métairie qui sème 10 hectolitres de blé sur ses terres.

est un poids de 17 oques (21 kilogrammes); celui du blé de 23 (28^{kil},400). Le kilé de Constantinople, τὸ πολίτικο κοῖλο[1], est seul invariable : c'est un poids de 20 oques (24^{kil},700).

Une terre de 10 kilés, dans la partie la plus fertile de la plaine, vaut 5,000 piastres (1,112 francs); on peut la transformer en jardins. Une terre très-bonne encore, mais propre seulement à la culture des céréales ou de la vigne, vaut de 3,500 à 4,000 piastres. Une terre de fertilité moyenne vaut 3,000 piastres.

Dans les terres ordinaires, 1 grain de blé en produit 8, année moyenne, et 1 grain d'orge 11[2]. Aussi cette dernière plante, plus rustique d'ailleurs, plus facile à cultiver et de produit plus sûr, est-elle préférée par les paysans.

L'assolement adopté dans toute l'île pour les terres arables est biennal. Une année sur deux, on y cultive des céréales; l'autre, des plantes dont la venue plus rapide fatigue moins le sol, permet de le laisser reposer quelques mois et de le travailler ensuite avec plus de soin, telles que pastèques, melons, sésame, lin, etc.

On trouvera dans le tableau ci-joint le détail des principales productions agricoles de l'île. J'ajouterai ici quelques indications complémentaires.

On ne cultive de céréales que la quantité nécessaire à la consommation locale; la raison en est surtout l'insuffisance du nombre de bras. Parmi les céréales même, le seigle est complétement inconnu, de même que dans tout l'Archipel; l'avoine et le blé de Turquie (*dari*), cultivés en quantités très-minimes. L'orge et le blé dominent de beaucoup, l'orge surtout, dont le pauvre fait son pain, que l'on mange aussi en bouillie, et que l'on donne aux animaux en grains et en fourrage.

Le blé vaut de 24 à 25 piastres le kilé; l'orge de 12 à 14 piastres.

Les pommes de terre ne sont pas cultivées; on en importe chaque année de 100 à 150 canthares[3] d'Ikaria, la seule île de l'Archipel qui en produise, de Syra et de Smyrne, qui les reçoivent de Trieste. Elles coûtent à Kos de 50 à 60 piastres le canthare.

Parmi les textiles, le coton et le lin sont seuls cultivés. Kos pro-

[1] πολίτικο signifie « Constantinopolitain »; πολιτικό, « politique » ou « policé ».

[2] Dans les terres supérieures, 1 grain de blé en donne 15; dans les mauvaises, 5 seulement. Dans les mêmes catégories de terres, 1 grain d'orge en donne 20 et 8. Le *dari*, ou blé de Turquie, en donne 100 dans les champs les plus fertiles, 20 dans les champs ordinaires, 10 dans les sols maigres.

[3] Le canthare vaut 44 oques.

duit par an 2,000 oques de lin et 6,000 oques (avec les graines) de coton médiocre, valant de 6 à 12 piastres l'oque. Tout est filé dans l'île. Une bonne terre produit 25 oques de coton par stremme[1], une terre moyenne 15, une médiocre 8. La difficulté des irrigations sera toujours un obstacle à l'extension de cette culture.

En fait de produits accessoires de l'agriculture, on compte :

1,500 kilés de sésame de bonne qualité, valant 40 piastres le kilé. Les deux tiers, soit 1,000 kilés, sont exportés à Smyrne, à Constantinople, quelquefois une petite quantité à Trieste. Une bonne terre produit 3 kilés de sésame par stremme.

5 à 6,000 oques de mauvais tabac, valant de 6 à 12 piastres l'oque. On en importe annuellement, d'Armyro-Kastro en Thessalie, 5 à 6,000 oques au prix de 23 à 30 piastres.

Quelques amandes.

3,000 oques d'excellent miel, valant de 5 à 6 piastres l'oque. On en importe d'Anatolie 1,000 à 1,500 oques, au prix de 4 piastres ou 4 piastres et demie.

300 oques de bonne cire, au prix de 20 à 25 piastres, employées en totalité sur place.

Mais la production principale de l'île, la seule qui donne lieu à une exportation considérable, ce sont les fruits. Kos n'en approvisionne pas seulement les îles voisines, surtout les plus pierreuses, comme Kalymnos, Symi, Kasos, Syra; elle en fournit jusqu'à Alexandrie, où la saison des fruits passe si vite. Les pastèques de Kos surtout sont célèbres; nulle part elles ne sont plus grosses, d'une chair plus rouge, plus fraîche, à la fois plus ferme et plus fondante. C'est là qu'il faut venir pour comprendre le goût des Orientaux pour ce fruit, insipide dans nos climats et même en Italie, et qui là-bas constitue (l'expression n'est pas trop hardie) la *boisson* la plus agréable et la plus rafraîchissante. *Ἂς κόψωμεν ἕνα καρπούζι, κι' ἂς πίουμεν ἕνα νεράκι φρέσκο*[2], « coupons une pastèque et buvons un peu d'eau fraîche, » c'est l'offre la plus séduisante qu'on puisse faire à un hôte pendant l'été. Il faut voir le recueillement solennel de l'amphitryon, les yeux brillants de convoitise des invités, les acclamations de tous lorsque l'écorce verte s'entr'ouvre en laissant voir de belles tranches roses parsemées de

[1] Le stremme, mesure grecque, vaut à peu près l'arpent français.

[2] Je reproduis ici la prononciation populaire, et non point l'orthographe classique du dialecte moderne.

graines noires : ὡραῖο εἶναι! λαμπρό! « elle est belle, magnifique! » etc.

Les pastèques se vendent à Kos de 5 à 10 paras l'oque, 6 ou 7 en général. Les melons (καδούνια) sont toujours plus chers de 1 ou 2 paras. Malgré l'estime dont ils jouissent, ils sont bien inférieurs aux pastèques; la peau en est jaune, la forme oblongue, la chair blanche, dure, très-sucrée, mais sans arome. L'abus qu'on en fait est, là comme partout, une cause fréquente de dyssenterie.

Les raisins sont excellents. Frais, c'est un plaisir de croquer les belles grappes mordorées du rosaki; la peau en est un peu dure, mais la chair est savoureuse et désaltérante. Il y a néanmoins loin de là à la délicatesse de goût du muscatel de Samos. Sec, le rosaki de Kos ne peut faire concurrence au raisin de Tchesmé et de Panaghia, mieux préparé; quant au sultanine, à petits grains blonds sans pepins, Kos n'en produit qu'une faible quantité. Le raisin frais s'exporte, comme les pastèques, dans une partie des îles et en Égypte.

Les citrons et les oranges, qui faisaient jadis la richesse de l'île, ne représentent plus, depuis l'apparition du phylloxera, qu'une production insignifiante et qui décroît de jour en jour.

Animaux. — L'île renferme environ 2,000 bœufs et un millier de vaches. Ces animaux sont petits, mais plus solidement bâtis que dans les autres îles; leur tête est petite et assez jolie, leurs cornes très-peu développées, leur pelage noir, ou gris et roux mêlé de noir.

Un bœuf de moyenne grandeur vaut de 500 à 600 piastres.

On importe annuellement, des parties voisines de l'Anatolie, 5 à 600 têtes pour les besoins de l'agriculture et de la boucherie.

Les ânes sont au nombre de 2,000; de taille moyenne, ils sont vifs et forts. Un âne vaut de 100 à 150 piastres.

Les mulets sont relativement assez rares; l'île n'en renferme pas plus de 500. Ils sont grands et vigoureux; l'armée anglo-française en a acheté beaucoup lors de la guerre de Crimée. Depuis, toute exportation a cessé. Un mulet vaut de 1,000 à 1,500 piastres.

Il y a aussi quelques centaines de juments, grandes haridelles efflanquées d'assez triste mine, qui ne servent qu'à la production des mulets. C'est surtout autour de Khora qu'on les élève.

On nourrit dans l'île environ 4,500 porcs de fort médiocre

qualité, d'un poids moyen qui ne dépasse guère 30 à 40 oques, et d'une valeur de 130 à 150 piastres. La viande en est, pour la plus grande partie, mangée fraîche. Avec le reste on fait, comme à Nisyros, des saucisses au laurier et au safran, et une sorte de confit sec et horriblement épicé (*καϐουρδισ7ό*).

15,000 chèvres broutent les broussailles du Dikhio-Vouno et des montagnes de Képhalos. Le poids moyen en est de 10 à 12 oques, et la valeur de 20 à 25 piastres.

Les moutons sont, relativement aux autres îles, assez nombreux; il y en a 2,000, et 6,000 brebis. La qualité en est bonne, le poids moyen de 15 à 16 oques et la valeur de 50 à 60 piastres.

On fait, avec le lait des brebis, de petits fromages fort estimés, en forme de bâtonnets longs de 10 à 12 centimètres, qui sont tous consommés frais dans l'île.

Matières premières et produits industriels. — 4 à 5,000 oques de laine de brebis (qualité moyenne, prix de 4 à 5 piastres l'oque), dont la plus grande partie est expédiée à Smyrne, de là en Europe; 1,000 oques de poil de chèvre (prix : 3 1/2 à 4 piastres), employées entièrement dans l'île; quelques peaux de bœufs, dont la plus grande partie sont tannées très-imparfaitement et utilisées sur place, et 300 environ envoyées à Khios et à Syra, où existent des tanneries; une quantité insuffisante de bois de chauffage, voilà toutes les matières premières que fournit Kos. Enfin le gouvernement retire, de l'étang salé de la côte nord, 30,000 kilés de sel, au prix de 20 paras l'oque, dont 28 à 29,000 kilés sont envoyés à Rhodes et en Asie Mineure.

Quant aux produits fabriqués, il n'y en a pas d'autres que quelques poteries communes, des bâts et des harnais, des souliers de paysans et des vêtements de l'espèce la plus grossière.

Commerce. — À l'exportation, il consiste presque uniquement en produits agricoles : raisins frais et secs, citrons et oranges, pastèques et melons. Les fruits frais de toute espèce sont expédiés dans les îles voisines, à Smyrne, à Syra, en Crète et à Alexandrie; les raisins secs à Trieste. — L'importation consiste au contraire presque tout entière en objets fabriqués. Parmi ces objets, les principaux sont les étoffes et les vêtements confectionnés; ce sont surtout des draps et des cotonnades de France et d'Angleterre, et des toiles américaines. Tout cela vient de Smyrne et de Syra. La valeur annuellement importée est de 5,000 livres turques (115,000 francs). Après les étoffes viennent les articles de quincaillerie, outils, meubles, faïences, etc. Ce sont encore Smyrne, Syra et Constantinople qui les fournissent. La provenance en est assez diverse, sauf pour les faïences, qui, là comme dans tout l'Orient, viennent invariablement de Cardiff. Les bois travaillés donnent aussi lieu à une importation considérable. On introduit chaque année de 12 à 15,000 planches[1] (prix de 3 à 5 piastres), dont une bonne partie sert à faire des tonneaux pour les raisins secs, et 3,000 à 3,500 petites poutres[2] en pin, valant de 10 à 15 piastres; poutres et planches viennent de l'Asie Mineure. En outre, quelques grandes planches de sapin de Carinthie[3], qui viennent de Trieste.

Citons encore quelques peaux tannées, importées des parties voisines de l'Asie Mineure; du bois à brûler venant du même pays (1,000 charges ou *yuks* de 110 oques l'une, au prix de 8 piastres); du charbon fabriqué par les Ikariotes[4] sur la côte d'Anatolie ou dans les îlots voisins; de la vallonée de Crète, de la fleur de soufre de Messine.

En fait de produits alimentaires, on n'importe guère que du riz d'Égypte, par Alexandrie et Syra; du sucre d'Europe, par Syra et Smyrne; de l'huile de l'Anatolie et de la Crète, et des poissons salés ou séchés de la mer Noire, par Constantinople.

C'est en grande partie par des navires étrangers à l'île qu'est fait ce commerce. Kos ne possède que 28 bateaux environ, soit une dizaine de petites barques, la plupart employées à la pêche, 10 caïques, 3 bombardes, 4 goëlettes et 1 brick[5]. Les deux tiers de ces bâtiments, ne trouvant pas dans le commerce de l'île même une occupation assez constante, font habituellement le cabotage entre les autres îles et ne desservent Kos que pendant l'automne. Il y a, chaque année, presque uniquement à l'époque des fruits, de 2,000 à 2,200 arrivées de navires et de caïques. De ces bâti-

[1] *σανίδια.*

[2] *σουϐέδες.*

[3] *Τάϐλαις βενετικαίς.*

[4] Tous les ans, les Ikariotes émigrent en masse sur la côte d'Anatolie pour aller y faire du charbon. Pendant la belle saison, il n'y a, pour ainsi dire, plus un homme valide dans l'île.

[5] J'ai expliqué plus haut tous ces noms.

ments, 100 à peu près battent pavillon hellénique, les autres presque tous pavillon turc. Il va sans dire que les équipages de ces derniers, à part quelques bateaux de Boudroun et de Rhodes, sont entièrement grecs[1].

Deux bateaux à vapeur, l'un anglais, l'autre turc, qui font le service entre Adalia et Smyrne, touchent à Kos chacun deux fois par mois, tant à l'aller qu'au retour, quand l'état de la mer le permet.

Administration et impôts. — Kos, comme toutes les Sporades, relève du vilayet des *îles de la mer Blanche* (*Djezaïri bah'ri sefid*). Elle constitue depuis peu un sandjak particulier, administré par un mutessarif, auquel les habitants donnent, dans l'usage courant, le titre de pacha. L'autorité de ce mutessarif s'étend sur toutes les îles septentrionales du groupe des petites Sporades et sur Astypalia. Khora est de plus le siége d'un *tidjaret* ou tribunal de commerce.

L'île paye chaque année au gouvernement 959,000 piastres, qui se décomposent ainsi :

1° Kharadj, capitation prélevée sur les chrétiens seuls, comme rachat du service militaire..................	42,000[p]
2° Droits de douane (8 p. 0/0 sur toute marchandise exportée; l'importation est libre à Kos comme dans toutes les Sporades)................................	200,000
3° Impôts sur la propriété foncière..................	117,000
4° Dîmes (prélevées parfois deux fois sur le même produit, sur le vin, par exemple, qui paye d'abord comme raisin, puis comme vin; sur le raisin sec, qui, après avoir payé comme frais, paye de nouveau après la préparation[2])...	350,000
5° Impôt sur les animaux paissant dans le domaine du sultan (le droit de pacage pour les brebis et les chèvres est de 2 piastres et demie par tête)....................	50,000
6° Droits d'enregistrement, papier timbré, *teskérés* (passeports), actes judiciaires, actes de transmission de la propriété, impôt de 25 p. 0/0 sur le tabac, etc..........	200,000
TOTAL.......	959,000[p]

[1] L'*Annuaire diplomatique de l'empire ottoman* pour l'année 1289 (1872-1873) ouvrage qui, d'ailleurs, ne mérite aucune confiance, donne pour le mouvement du port de Kos les chiffres suivants : navires à voiles, 780; tonnes, 17,344.

[2] Les paysans de Kos donnent à la dîme le nom de ζημία, «fléau,» qui vient évidemment du mot français, introduit par les chevaliers de Saint-Jean, et qu'ils entendaient sans en comprendre l'étymologie.

C'est une moyenne par habitant de 113 piastres, soit environ 25 francs, somme déjà fort lourde pour un pays aussi pauvre. Mais si l'on songe que le kharadj n'est payé que par les 6,000 chrétiens; que les droits de douane, prélevés uniquement sur l'exportation des produits agricoles, comme les impôts sur la propriété foncière, comme les droits de transmission, comme la dîme, comme les droits de pacage, tombent tous directement ou indirectement sur l'agriculture; qu'à tout cela s'ajoutent encore les sommes considérables prélevées par l'évêque et le clergé; qu'enfin il faut tenir compte des exactions et vols de toute espèce des fermiers arméniens de la dime et des autres employés, on comprendra parfaitement les plaintes amères des paysans de Kos.

Encore si le produit de ces impôts était employé en travaux utiles! Mais il n'en est rien; le tableau des dépenses du gouvernement le montrera d'un coup d'œil :

Solde du mutessarif	60,000 p
Solde des divers employés de l'administration	150,000
Solde de la garnison	225,000
Entretien de la garnison	650,000
Dépenses du medjlis (commission municipale)	20,000
TOTAL	1,105,000 p [1]

Sur ces 1,105,000 piastres, il n'y a de dépensé utilement pour la localité que les 20,000 piastres laissées à la disposition du medjlis. Encore est-il permis de n'avoir pas une confiance entière dans l'intelligence et l'intégrité de ces quelques notables, choisis arbitrairement par le mutessarif et responsables devant lui seul. Cette somme sert à payer quelques maîtres d'école et à entretenir, tant bien que mal, les rues et les fontaines de la ville. Encore Kos est-elle, en ce qui concerne l'enseignement primaire, objet de tant de sollicitude dans tous les pays grecs, infiniment au-dessous de la plupart des îles voisines, de Kalymnos, de Patmos, de Léros et de Symi, par exemple. Quant à entreprendre dans l'île les travaux de voirie qui seraient si nécessaires à sa prospérité, personne ne peut y songer.

[1] Le déficit de 146,000 piastres est comblé, et au delà, par la vente du sel.

TABLEAU DE LA PRODUCTION AGRICOLE ANNUELLE DE KOS.

POIDS.

Oque........................ = 1k,234gr
Kilé de Constantinople (20 oques)........................ = 26k,680gr
Canthare (44 oques)........................ = 54k,296gr

MONNAIES.

Piastre (gorouch, γρόσσι)........................ 0f,22c,5
Livre (valeur normale 100 piastres)........................ 22f,48c
Para (1/40 de la piastre)........................ 0f,00c,5

NOM DU PRODUIT.	PRODUCTION MOYENNE.	QUALITÉ.	PRIX.	CONSOMMATION LOCALE.	EXPORTATION.	IMPORTATION.	OBSERVATIONS.
Blé............	30,000 kilés.	Moyenne ou médiocre.	En moyenne, 24 à 25 piastres le kilé, jusqu'à 30 dans les mauvaises années.	Égale à la production moyenne.	Quand la récolte est très-bonne, 5 à 6,000 kilés pour les îles voisines.	Dans les mauvaises années, parfois jusqu'à 10,000 kilés, de Macri et d'Adalia.	Le blé n'est cultivé en quantité considérable que dans les plaines de Khora, d'Asphendiou et de Pili.
Orge...........	40,000 kilés.	Bonne.	12 à 14 piastres le kilé en moyenne. En 1871, 17.	A peu près égale à la production moyenne.	Dans les bonnes années, jusqu'à 10,000 kilés pour les îles voisines.	Dans les mauvaises années, jusqu'à 10.000 kilés, de Roumélie et d'Anatolie.	L'orge est cultivée non-seulement dans ces trois plaines, mais aussi sur les plateaux d'Andimakhia et dans une partie du territoire de Képhalos.
Avoine.........	1,500 kilés.	Bonne.	8 à 10 piastres le kilé.	Égale à la production moyenne.			Les animaux ne sont nourris en général que de paille hachée par le dépiquage.
Maïs...........	500 kilés.	Très-bonne.	20 à 22 piastres le kilé.	Égale à la production moyenne.			
Dari (blé turc)...	2,000 kilés.	Très-bonne.	12 à 15 piastres le kilé.	1,000 kilés.	1,000 kilés pour l'Anatolie et les îles voisines.		
Haricots, pois, fèves.	400 à 450 kilés.	Moyenne.	Variable.	Environ 600 kilés.		100 à 200 kilés de haricots d'Anatolie, au prix de 30 à 35 piastres. 200 à 300 kilés de fèves d'Anatolie, surtout de Kouch-Adaçi.	Cultivés surtout sur le territoire de Képhalos et d'Andimakhia. En général, mêlés à d'autres plantes.
Pastèques......	2,000,000 d'oq.	Excellente.	De 4 à 5 paras l'oque dans le champ; 5, 6, 7 sur le marché de Khora. S'abaissant parfois à 3 et s'élevant jusqu'à 10.	De 400 à 500,000 oques.	1,500,000 oques pour les îles voisines, Syra et l'Égypte.		Les pastèques de Kos ont une grande réputation dans tout l'Orient.

NOM DU PRODUIT.	PRODUCTION MOYENNE.	QUALITÉ.	PRIX.	CONSOMMATION LOCALE.	EXPORTATION.	IMPORTATION.	OBSERVATIONS.
Melons..........	1,000,000 d'oq.	Très-estimée, quoique médiocre.	De 5 à 10 paras l'oque, toujours 1 ou 2 de plus que les pastèques.	De 300 à 400,000 oques.	De 600 à 700,000 oques pour les îles voisines et l'Égypte.		Jouissent aussi d'une grande réputation, quoique bien inférieurs à ceux de Ménémen (près de Smyrne).
Raisins frais......	1,200,000 oques.	Très-bonne.	De 10 à 22 paras l'oque.	De 200 à 300,000 oques.	1,000,000 d'oques, dont 800,000 pour l'Égypte et 200,000 pour les îles.		Se conservent sur pied jusqu'à la fin de novembre.
Raisins secs......	18,100 canthares.	Moyenne.	55, 60, 65 piastres le canthare. Parfois jusqu'à 70.	Insignifiante.	De 13 à 16,000 canthares pour Trieste, le reste pour Constantinople et Alexandrie.		18,000 canthares de rosaki; à peu près 100 canthares de sultanine, à 100 piastres le canthare, que l'on envoie à Trieste, à Constantinople et à Alexandrie.
Vin............	40,000 oques.	Médiocre.	50 à 60 paras l'oque.	30 à 35,000 oques.	De 5 à 10,000 oques pour Kalymnos et les autres îles voisines.		Le vin de Kos est blanc, mais très-foncé en couleur. Une partie est résinée, l'autre laissée douce. On s'en lasse très-vite; il ne se conserve d'ailleurs pas toute l'année.
Fruits frais (poires, pêches, abricots, prunes, pommes).	40,000 oques.	Bonne, relativement aux autres îles.	20 à 25 paras l'oque.	15 à 20,000 oques, soit la moitié.	15 à 20,000 oques de poires pour Alexandrie.		Ces fruits sont bien inférieurs à ceux de France.
Oignons.........	60,000 oques.	Bonne.	10 à 12 paras l'oque.	30,000 oques, soit la moitié.	30,000 oques pour Alexandrie et pour les îles voisines.		Quoique bons, ils sont inférieurs à ceux de Samos.
Citrons et oranges.	2 à 300,000 fruits.	Bonne.	40 à 60 piastres le mille.	100,000 fruits.	100 à 200,000 fruits, suivant les années, pour Constantinople et Smyrne.		La production, déjà bien réduite, diminue de plus en plus.
Olives conservées.	100,000 oques.	Bonne.	De 1 piastre à 60 paras l'oque.	De 140 à 150,000 oques.		De 40 à 50,000 oques d'Anatolie, de Crète et de Grèce, au prix de 2 à 3 piastres.	Depuis la maladie des orangers et des citronniers, on a planté beaucoup d'oliviers qui ne produisent pas encore, 10,000 au moins depuis dix ou quinze ans.
Huile..........	10,000 oques.	Bonne.	6 à 7 piastres l'oque.	80,000 oques.		70,000 oques, surtout d'Anatolie; le reste de Samos, Métélin et la Crète.	Cette importation diminuera forcément à mesure que les arbres récemment plantés commenceront à produire.

TOPOGRAPHIE ANCIENNE.

« La capitale de l'île de Kos s'appelait primitivement Astypalæa, et était située dans un autre endroit que la ville actuelle, également sur le bord de la mer [1]. » C'est d'Astypalæa qu'il est question dans la guerre du Péloponnèse, quoiqu'elle ne soit pas désignée par son nom particulier; c'est elle que l'amiral lacédémonien, Astyochos, surprit et pilla en 412 [2]. Puisqu'elle était sans murailles (*ἀτείχιστον οὖσαν*), il est vraisemblable qu'elle était dans une position naturellement assez défendable pour qu'on n'eût pas jugé nécessaire de la fortifier. Elle devait de plus posséder un port ou une bonne rade, puisque, dans toute la suite de cette guerre, nous voyons les flottes péloponnésiennes et athéniennes venir tour à tour y jeter l'ancre. Elle était en outre située assez près d'une des deux montagnes de l'île pour que les habitants eussent, pendant le temps que les Lacédémoniens mirent à venir au mouillage et à débarquer leurs troupes, le moyen d'y chercher refuge. Or il n'y a dans toute l'île, la rade orientale étant exclue [3], qu'une seule localité où ces trois conditions soient réunies. Cette localité est la vaste baie de Kastri, appelée aussi quelquefois *Στὰ παλιά* (Stampalia sur la carte de l'amirauté anglaise rectifiée par M. Helpman). Cette nécessité topographique, jointe à la remarquable signification du nom moderne, a porté Ludwig Ross [4] et M. Pullan [5] à placer dans cette région l'ancienne Astypalæa. Leur

[1] Strabon, XIV, II, 19. *Ἡ δὲ τῶν Κῴων πόλις ἐκαλεῖτο τὸ παλαιὸν Ἀστυπάλαια, καὶ ᾠκεῖτο ἐν ἄλλῳ τόπῳ ὁμοίως ἐπὶ θαλάττῃ.*

[2] Thucyd. VIII, 41. *Καὶ ἐς Κῶν Μεροπίδα ἐν τῷ παράπλῳ ἀποβὰς, τήν τε πόλιν ἀτείχιστον οὖσαν καὶ ὑπὸ σεισμοῦ, ὃς αὐτοῖς ἔτυχε μέγιστός γε δὴ ὧν μεμνήμεθα γενόμενος, ξυμπεπτωκυῖαν ἐκπορθεῖ, τῶν ἀνθρώπων ἐς τὰ ὄρη πεφευγότων, καὶ τὴν χώραν καταδρομαῖς λείαν ἐποιεῖτο, πλὴν τῶν ἐλευθέρων· τούτους δὲ ἀφίει.* — Un peu plus tard, Alcibiade la fortifia. Thucyd. VIII, 108. *Καὶ Κῶν ἐτείχισε.*

[3] Leake suppose qu'Astypalæa était sur la pointe Psalidi. Il n'y a là ni mouillage, ni eau, ni emplacement convenable pour une ville. Psalidi est de plus beaucoup trop près du site de la nouvelle Kos. (Leake, *Memoir on the Island of Cos, with a map*, dans les *Transactions of the Royal Society of litterature*. 2e série, vol. I, 1843.

[4] *Reisen auf den griechischen Inseln*, II, 20e lettre, et III, 34e lettre; et *Reisen nach Kos, Halikarnassos, Rhodos und Cypern*. Halle, 1852.

[5] *Report on the Island of Cos*, by M. R. Popplewell Pullan (inséré dans le tome II du grand ouvrage de M. C. T. Newton : *Cnidus, Halicarnassus and Branchidæ*).

conjecture me paraît plausible. Mais en quel point précis du pourtour de la baie était située la ville? Ici les opinions diffèrent. Il existe sur les hauteurs, à l'ouest de Képhalos, des ruines nombreuses, restes d'un dème dont plusieurs inscriptions d'époque romaine nous apprennent le nom : Isthmos. Nous parlerons tout à l'heure de ces ruines. Au-dessous, sur le rivage même, au lieu appelé Καμάραις, existent quelques ruines du moyen âge. C'est là que Ross a placé Astypalæa. Mais le plus rapide examen des lieux montre que, s'il y a jamais eu là un établissement hellénique, il n'a pu être que la *marine* de la ville située sur la hauteur. Si l'on veut faire d'Astypalæa une cité distincte d'Isthmos, on ne peut donc la placer que dans la partie orientale de la baie, soit sur le petit îlot de Kastri, rocher sans eau et à pic qui s'élève à une centaine de mètres de la côte, soit sur le rivage, en face même de ce rocher. Mais outre que sur l'îlot il n'y a pas la place nécessaire à une ville, et que sur la côte il n'y a ni position forte, ni source à une grande distance; sur l'un comme sur l'autre de ces points, aucune trace de constructions antiques n'autorise cette hypothèse. Il n'y a là ni tombeaux ni débris de colonnes. Les seules ruines sont, sur le rocher de Kastri, une petite église et quelques masures de l'époque de la piraterie.

Force nous est donc de chercher, avec M. Pullan, Astypalæa sur les hauteurs mêmes de Képhalos, et d'admettre qu'elle et Isthmos n'étaient qu'une seule et même ville, soit que les deux noms aient été simultanément usités, soit, ce qui est plus vraisemblable, que le premier ait été mis de côté et remplacé par le second à l'époque romaine, alors que la localité qui le portait était réduite à la condition de simple dème.

Le choix fait par les premiers colons grecs des hauteurs de Képhalos pour s'y établir est d'ailleurs tout naturel. Ces colons, qui appartenaient à la race dorienne[1], arrivaient par mer : ils devaient donc se fixer près d'un port. Peu nombreux, ils ne pouvaient s'aventurer dans la grande plaine du nord de l'île, au milieu d'une population carienne qui ne leur eût peut-être pas fait bon accueil : une position un peu isolée et facile à défendre leur convenait bien mieux[2].

[1] Hérodote, VII, 93. Strabon, XIV, II, 6.

[2] Les premiers établissements grecs sur la côte d'Asie Mineure n'étaient que des *stations de commerce* établies en face de villes indigènes, quelque chose comme

La ville d'Astypalæa ou d'Isthmos, pour lui donner le nom sous lequel les monuments épigraphiques nous la font connaître, a laissé des ruines assez considérables.

Le haut plateau marneux qui s'étend à l'est du mont Latra domine, par des flancs escarpés, la partie ouest de la baie de Kastri. Les ravines profondes creusées par les eaux dans ce terrain friable y ont découpé plusieurs promontoires qui, reliés à la masse compacte du plateau par des cols très-étroits, ne présentent de tous les autres côtés que des pentes difficilement accessibles. C'est sur le plus oriental de ces promontoires qu'est situé le village de Képhalos. Les fragments antiques, les stèles funéraires, les autels ornés de bucranes ou de têtes de béliers reliées l'une à l'autre par des guirlandes, autels qui, à Kos comme à Nisyros et à Rhodes, ornaient fréquemment les tombeaux, enfin les triglyphes des temples y abondent, dans les rues et dans les murailles des maisons; les paysans possèdent quantité de monnaies, de pierres gravées, de poteries antiques, le tout en général sans valeur. Mais tous ces objets proviennent des environs; la ville hellénique n'était point là.

Le promontoire suivant, qui porte le nom caractéristique de τὰ παλάτια, est, au contraire, couvert de ruines. Sur le sommet même de la colline, l'église de la Παναγία Παλατιανή est bâtie sur les restes d'un temple antique[1]. Construit en larges plaques d'une pierre grise, assez semblable au *peperino*, mais plus dure, ce temple était dorique, et, autant qu'on peut en juger sans faire de fouilles, aptère, prostyle. L'entrée, comme dans les temples les plus anciens, était tournée à l'ouest. Il n'en reste que quelques

l'îlot hollandais de Desima en face de Nagasaki, ou la presqu'île portugaise de Macao auprès de Canton. Pour ces établissements, les Grecs choisirent à l'origine autant que possible des îlots voisins de la côte: par exemple, à Clazomènes, à Cnide, à Milet, à Iassos, à Éphèse, à Halicarnasse, à Cyzique, etc.; ou, là où il n'existait pas d'îlots convenables, des positions très-fortes. Ce n'est que lorsqu'ils furent devenus peu à peu beaucoup plus nombreux que les colons se décidèrent à passer sur la terre ferme et à s'installer sur l'emplacement des villes primitives indigènes, en général beaucoup plus *logeables* et plus commodément situées.

[1] Les tremblements de terre qui ont précédé la dernière éruption de Nisyros ont, paraît-il, renversé cette église. Pour la reconstruire, les paysans de Képhalos ont fait des fouilles aux environs et extrait du sol de nombreux blocs de marbre, quelques-uns couverts d'inscriptions. Il va sans dire que ces inscriptions ont été soigneusement grattées.

assises des murs latéraux de la cella, quelques tambours de colonnes renversées, un chapiteau entier et les fragments de deux ou trois autres, des triglyphes et des gouttes. La partie conservée du mur de la cella a sur le côté le moins détruit une longueur de $12^{m},50$; peut-être ce mur avait-il jadis $1^{m},50$ à 2 mètres de plus. Le chapiteau a $1^{m},30$ de circonférence à la gorge, ornée de trois filets; les triglyphes ont 48 centimètres de hauteur et 32 centimètres de largeur totale; outre ceux que l'on trouve épars sur le sol autour du temple, il y en a un très-grand nombre encastrés dans les murs des maisons de Képhalos. Tous ces morceaux d'architecture rappellent, pour le style, les morceaux correspondants du temple d'Egine.

Autour du temple ont été trouvées un très-grand nombre d'inscriptions, dont la plupart, malheureusement, ont disparu sous le marteau des tailleurs de pierres[1]. Parmi celles qui subsistent encore, dans l'église, dans les champs voisins, dans la maisonnette du kaloyéros qui garde les clefs de la Panaghia, les unes sont simplement des épitaphes, les autres des inscriptions publiques honorifiques; une enfin, fragment impossible à restituer, se rapporte au culte de Dionysos. Ce serait donc à ce dieu qu'aurait été consacré le temple.

Sur les flancs de la colline, à l'est, on voit, à moitié cachés

[1] Le gouvernement turc, qui fait des règlements très-sévères sur les fouilles entreprises par les archéologues étrangers et contrecarre de son mieux leurs travaux, ne s'inquiète nullement de protéger les ruines contre les dévastations journalières des paysans. Ceux-ci regardent les édifices antiques comme des carrières de matériaux excellents et dont l'extraction ne coûte rien. Les Grecs surtout, qui, plus riches, construisent beaucoup plus, font des ravages incalculables. Ainsi les gens de Kélébech débitent en marches d'escaliers les marbres admirables du temple de Priène; avant peu, il n'en restera rien. Le Tauropolion d'Ikaria a été saccagé par les habitants de Rakhais, qui reconstruisaient leur église, et une foule d'inscriptions où l'on aurait trouvé des renseignements précieux sur ce culte si particulier, converties en moellons; j'en ai vu les éclats sur le sol. Les Européens donnent, d'ailleurs, l'exemple : la compagnie (anglaise) du chemin de fer de Cassaba ayant résolu d'ouvrir une nouvelle section de la ligne, de Cassaba à Alacheir, l'entrepreneur des travaux, un M. Williamson, a tiré les matériaux des ponts et des stations du théâtre de Sardes et de l'agora de Philadelphie. Je ne sais combien de décrets du peuple de cette dernière ville ont ainsi disparu. A Samos, enfin, île grecque et qui, pour son administration intérieure, est entièrement indépendante, le môle de Tigani a été construit avec des pierres antiques; tambours de colonnes, blocs du mur d'enceinte, inscriptions, tout a été enfoui pêle-mêle : l'ingénieur chargé des travaux était, celui-là, un Allemand.

par les terres éboulées, les restes d'un mur d'enceinte d'appareil régulier, probablement le mur dont Alcibiade entoura la ville.

Dans la gorge, à l'ouest de la Panaghia, coule une magnifique source. L'eau, claire et abondante, est recueillie dans un bassin de construction moderne, mais fait avec d'énormes blocs de pierre qui ont certainement appartenu à quelque construction antique existant primitivement en ce lieu.

De l'autre côté de cette gorge, sur l'éperon du plateau qui fait face à la colline de la Panaghia, se trouvent les ruines d'un autre petit temple, également en pierre grise et d'ordre dorique, mais périptère et plus archaïque. Les blocs des murs, les tambours des colonnes, les chapiteaux sont dispersés pêle-mêle sur le sol; l'eau torrentielle des pluies en a même roulé bon nombre plus bas dans la gorge; d'autres fragments enfin, des triglyphes par exemple, ont été portés à Képhalos. C'est également dans ce village qu'a été transportée une inscription, gravée sur un autel rond en marbre, et consacrée à Asklépios et à Hygie par un monarque et huit *ἱεροποιοί*. Ce temple était donc celui d'Asklépios.

Sur le plateau qui domine ces ruines, deux habitants de Képhalos, qui cherchent dans le produit des fouilles un allégement à leur misère, ont trouvé plusieurs chambres sépulcrales. J'ai vu une coupe qui provenait de cette nécropole : elle était noire, à figures rouges, et d'une exécution assez soignée. Une couronne en or et des bijoux trouvés en cet endroit, il y a quelques années, ont été confisqués par le kaïmakam, quoique celui qui les avait découverts fût musulman.

Enfin, sur le rivage, à l'endroit où se termine la gorge de la fontaine, on voit plusieurs petites églises du moyen âge qui renferment de nombreux fragments de marbres, et quelques restes d'habitations du même temps. Ces ruines ont fait donner à cet endroit le nom de *Καμάραις* (les chambres). Là a dû être le port d'Astypalæa. On pourrait aussi le chercher entre l'îlot de Kastri et la terre. Les habitants du pays prétendent en effet que l'îlot était relié à la côte par un môle dont les restes seraient encore visibles par un temps calme : je n'ai pu les apercevoir.

Bien située au point de vue maritime et militaire, Astypalæa avait l'inconvénient d'être dans un territoire stérile, et à plusieurs heures de marche de la magnifique plaine de la partie orientale de l'île, qui dut être de bonne heure couverte de villages[1]. Aussi, la 3e année de la 103e olympiade (366), à la suite de troubles intérieurs, une partie de ses habitants émigra-t-elle pour aller se fixer auprès du cap Skandarion (Khoum-bournou), à l'extrémité de la plaine[2]. Déjà existait auprès de ce lieu le grand sanctuaire d'Asklépios auquel l'île devait sa célébrité, et il n'est pas possible que sur la côte, auprès de ce sanctuaire, il n'y eût pas un centre de population considérable. C'est sans doute dans ce bourg déjà existant que les émigrés d'Astypalæa vinrent s'établir (*μετῴκησαν*), et par leur accession ils le firent passer du rang de simple dème à celui de capitale[3]. Les villages de la plaine bénéficiaient trop de ce changement pour ne pas y coopérer. Peut-être d'ailleurs, comme lorsque Rhodes fut fondée, appela-t-on par des priviléges dans la cité naissante les habitants des campagnes et ceux des villes voisines de la côte d'Asie. C'est peut-être aussi à l'occasion de la fondation de la nouvelle ville que furent promulguées ces lois dont la sagesse était si admirée, que lorsqu'Antigone réunit Lébédos à Téos, il en imposa l'adoption à la nouvelle cité ainsi formée[4]. Quoi qu'il en soit, la population devint rapidement

[1] Homère, *Iliade*, XIV, 255. *Καί μιν ἔπειτα Κόων δ' εὐναιομένην ἀπένειχας.* Cf *ibid.* XV, 28.

[2] Diodore Sic. XV, LXXVI. *Ἅμα δὲ τούτοις πραττομένοις Κῷοι μετῴκησαν εἰς τὴν νῦν οἰκουμένην πόλιν, καὶ κατεσκεύασαν αὐτὴν ἀξιόλογον· πλῆθός τε γὰρ ἀνδρῶν εἰς ταύτην ἠθροίσθη καὶ τείχη πολυτελῆ κατεσκευάσθη καὶ λιμὴν ἀξιόλογος. Ἀπὸ δὲ τούτων τῶν χρόνων ἀεὶ μᾶλλον ηὐξήθη προσόδοις τε δημοσίαις καὶ τοῖς τῶν ἰδιωτῶν πλούτοις, καὶ τὸ σύνολον ἐνάμιλλος ἐγένετο ταῖς πρωτευούσαις πόλεσιν.* — Strabon, XIV, II, 19. *Ἔπειτα διὰ σΊάσιν μετῴκησαν εἰς τὴν νῦν πόλιν περὶ τὸ Σκανδάριον, καὶ μετωνόμασαν Κῶν ὁμωνύμως τῇ νήσῳ. Ἡ μὲν οὖν πόλις οὐ μεγάλη, κάλλισΊα δὲ πασῶν συνῳκισμένη καὶ ἰδέσθαι τοῖς καταπλέουσιν ἡδίσΊη.* Cf. Aristote, *Politic.* V, 4, 2. *Fragm. hist. gr. Didot*, II, 161, 184.

[3] Les mots *μετῴκησαν* et surtout *μετωνόμασαν* ne seraient pas justes s'il s'agissait d'une fondation véritable.

[4] Lebas-Waddington. *Voy. arch. Asie Mineure*, sect. I, IV, n° 86. Téos, l. 56, sq. ..... *Οἱ μὲν παρ' ὑμῶν ᾤοντο δεῖν τοῖς παρ' ὑμῖν [νόμοις χρᾶσθαι, οἱ δὲ τ]ῶν Λεβεδίων ἠξίουν ἐξ ἑτέρας τινὸς πόλεως μεταπεμψαμένους [χρᾶσθαι· ἡμεῖς δὲ δικαι]ότερον ὑπολαμβάνομεν εἶναι ἐξ ἄλλης πόλεως μεταπέμψασθ[αι, καὶ κελεύσαντες μὲν ἀμ]φοτέρους λέγειν ἐκ ποίας πόλεως βούλονται χρᾶσθαι νόμοις, συνο[μολογησάντων δὲ ἀ]μφοτέρων ὥσΊε τοῖς Κῴων νόμοις χρῆσθαι, ἐπικεκρίκαμεν τοὺς [...................]ν πρὸς τοὺς νόμους ὅπως δῶσιν ὑμῖν ἐγγράψασθαι. Οἰόμεθα δὲ [δεῖν ὑμᾶς ἀποδεικνύ]ναι τρεῖς ἄνδρας εὐθὺς ὅταν [ἡ] ἀπόκ[ρι]σις ἀναγνωσθῇ, καὶ ἀποσΊ[εῖλαι ἐς Κῶν ἐν ἡμέρα]ις τρισὶν ἐκγράψασθαι τοὺς νόμους, τοὺς δὲ ἀποσΊαλέντας ἐ[π]α[ναφέρειν τοὺς νό]μους ἐσφραγισμένους τῇ Κῴων σφραγῖδι ἐν ἡμέραις*

considérable (*πλῆθος ἀνδρῶν ἠθροίσθη*); une enceinte au courant des progrès que l'architecture militaire avait faits à la suite de la guerre du Péloponnèse fut construite (*τείχη πολυτελῆ κατεσκευάσθη*); et l'on creusa, peut-être en utilisant une lagune formée par l'embouchure d'un petit ruisseau, un port vaste, excellent (*λιμὴν ἀξιόλογος*) et entièrement fermé (*κλειστός*)[1]; enfin, si la ville n'était pas très-grande, elle était mieux bâtie qu'aucune autre ville de la Grèce (*κάλλιστα πασῶν συνῳκισμένη*), et pouvait, à ce point de vue, rivaliser avec les cités les plus puissantes (*ἐνάμιλλος ταῖς πρωτευούσαις πόλεσιν*). Les jardins qui ont toujours dû l'entourer, et l'admirable fond de décor que formaient derrière elles les montagnes, en rendaient d'ailleurs, alors comme aujourd'hui, l'aspect très-agréable à ceux qui arrivaient par mer (*ἰδέσθαι τοῖς καταπλέουσιν ἡδίστη*).

Parmi la nombreuse population qui accourut de tous côtés dans la nouvelle ville, il est intéressant de trouver une colonie juive. L'existence de cette colonie n'est affirmée, il est vrai, par aucun témoignage positif, mais plusieurs faits qui seraient inexplicables sans elle en sont la preuve indirecte.

Le premier de ces faits est emprunté par Flavius Josèphe à l'*Histoire* perdue de Strabon : « Un des témoignages de la grande richesse du Temple, dit Josèphe, est le fait rapporté en ces termes par Strabon le Cappadocien : Mithridate envoya des agents à Kos et mit la main sur les sommes que la reine Cléopâtre avait placées là et sur les 800 talents des Juifs (4,458,000 francs). Or il n'y a chez nous d'autres richesses publiques que les trésors de Dieu, et il est évident que ces sommes avaient été envoyées à Kos par les Juifs de l'Asie, à cause de la peur inspirée par Mithridate : car il n'est pas vraisemblable que les Juifs de Judée, possédant une ville forte et le temple, aient expédié de l'argent à Kos; ce n'est pas non plus croyable de ceux d'Alexandrie, qui n'avaient rien à craindre de Mithridate[2]. » Que ces 800 talents fussent en effet des

τρι[άκοντα... Cf. *ibid.* l. 120. .. Comparez un fragment d'inscription de Kos publié par M. Pantélidis (*Pandore*, t. XVII, n° 401, p. 431).

[1] Scylax, *Périple*, 99 (Carie). Νῆσος Κῶς καὶ πόλις καὶ λιμὴν κλειστός.

[2] Flav. Josèphe, *Ant. Jud.* XIV, VII, 2. *Οὐκ ἔστι δὲ ἀμάρτυρον τὸ μέγεθος τῶν προειρημένων χρημάτων... ἀλλὰ πολλοί τε ἄλλοι τῶν συγγραφέων ἡμῖν μαρτυροῦσι, καὶ Στράβων ὁ Καππάδοξ οὕτω λέγων· « πέμψας δὲ Μιθριδάτης εἰς Κῶ ἔλαβε τὰ χρήματα, ἅπερ ἔθετο ἐκεῖ Κλεοπάτρα ἡ βασίλισσα, καὶ τὰ τῶν Ἰουδαίων ὀκτακόσια τάλαντα. » Ἡμῖν δὲ δημόσια χρήματα οὐκ ἔστιν ἢ τὰ τοῦ Θεοῦ μόνα, καὶ δῆλον*

dons faits au temple, ou qu'ils appartinssent à des Juifs d'Asie Mineure qui les auraient fait passer à Kos pour plus de sûreté, il n'en est pas moins évident que ce n'est pas dans l'Asklépiéion qu'ils étaient déposés; les Juifs ne les y auraient point mis, et Mithridate, qui n'osait rien faire aux Romains réfugiés dans le péribole du temple, ne les aurait point pris. Ils n'avaient pu être confiés qu'à des banquiers juifs établis dans l'île, et en correspondance (pour ne pas dire en compte courant) avec leurs compatriotes de Milet, d'Éphèse, de Tralles, d'Halicarnasse, etc.

Les trésors de tout genre, sommes d'argent, objets d'art, pierreries, parures, que la reine Cléopâtre avait mis en dépôt à Kos, ne devaient pas non plus être dans l'Asklépiéion, car ils y auraient été respectés. D'ailleurs, les mots *ἔθετο* (Strabon), *παρέθετο* (Appien)[1] ont un sens précis, celui de dépôt de valeurs, soit placées à intérêt, soit laissées en gage d'une somme prêtée. Cléopâtre, en laissant à Kos son petit-fils Ptolémée Alexandre II, semble avoir voulu garder sous sa main un prétendant possible au trône, dont elle pourrait se servir si quelque révolution la forçait à s'enfuir de l'Égypte. Avait-elle, dans la même intention, et pour se ménager des ressources pécuniaires, mis ses bijoux en sûreté, soit dans le trésor de la ville, soit chez des banquiers? Ces banquiers étaient-ils des Juifs? Nous connaissons trop mal ces faits pour qu'il nous soit possible de faire autre chose que risquer des conjectures.

Un document plus concluant est une lettre écrite aux magistrats de Kos par C. Fannius C. F., qui exerçait en Asie les pouvoirs de préteur en 55 avant Jésus-Christ[2]. Cette lettre avait été remise

ὅτι ταῦτα μετήνεγκαν εἰς Κῶ τὰ χρήματα οἱ ἐν τῇ Ἀσίᾳ Ἰουδαῖοι διὰ τὸν ἐκ Μιθριδάτου φόβον· οὐ γὰρ εἰκὸς τοὺς ἐν τῇ Ἰουδαίᾳ, πόλιν τε ὀχυρὰν ἔχοντας καὶ τὸν ναὸν, πέμπειν χρήματα εἰς Κῶ· ἀλλ' οὐδὲ τοὺς ἐν Ἀλεξανδρείᾳ κατοικοῦντας Ἰουδαίους πιθανὸν τοῦτ' ἐστὶ ποιῆσαι, μηδὲν Μιθριδάτην δεδιότας.

[1] Appien, *Mithr.* cxv (parlant de l'immense quantité d'objets précieux amassés par Mithridate): *καὶ ἦν... τὰ δὲ ἐκ τῆς Πτολεμαίων ἀρχῆς, ὅσα Κλεοπάτρα Κῴοις παρέθετο, καὶ Κῷοι Μιθριδάτῃ δεδώκεσαν.* Cf. *ibid.* xxiii. *Μιθριδάτης δὲ ἐς μὲν Κῶ κατέπλευσε, Κῴων αὐτὸν ἀσμένως δεχομένων. Καὶ τὸν Ἀλεξάνδρου παῖδα τοῦ βασιλεύοντος Αἰγύπτου, σὺν χρήμασι πολλοῖς ὑπὸ τῆς μάμμης Κλεοπάτρας ἐν Κῷ καταλελειμμένον, παραλαβὼν ἔτρεφε βασιλικῶς· ἔκ τε τῶν Κλεοπάτρας θησαυρῶν γάζαν πολλὴν καὶ τέχνην καὶ λίθους καὶ κόσμους γυναικείους καὶ χρήματα πολλὰ ἐς τὸν Πόντον ἔπεμψεν.*

[2] Flav. Josèphe, *Ant. Jud.* XIV, x, 15. *Γάϊος Φάννιος, Γαΐου υἱὸς, σΊρατηγὸς ὕπατος, Κῴων ἄρχουσι χαίρειν. Βούλομαι ὑμᾶς γνῶναι ὅτι πρέσβεις Ἰουδαίων μοι προσῆλθον, ἀξιοῦντες λαβεῖν τὰ ὑπὸ τῆς συγκλήτου δόγματα περὶ αὐτῶν γεγονότα.*

par C. Fannius à des ambassadeurs d'Hyrcan envoyés en Asie Mineure pour visiter les diverses colonies juives, s'informer de leur situation et obtenir pour elles des gouverneurs romains une protection efficace contre la malveillance des habitants des villes dans lesquelles elles étaient établies. Si donc les ambassadeurs, après avoir vu Fannius, se rendent à Kos, c'est que là il y avait un établissement juif; ce qui prouve bien que la lettre dont ils se munissent n'est pas une simple lettre de recommandation destinée à leur assurer bon accueil à leur passage, c'est qu'ils ont soin d'y faire joindre la copie des sénatus-consultes par lesquels le peuple juif était déclaré ami du peuple romain (*ὑποτέτακται δὲ τὰ δεδογμένα*).

C'est à l'établissement chez elle de cette colonie juive que la ville de Kos dut, sans aucun doute, d'être l'objet des libéralités du roi Hérode. Il assura à ses gymnases une rente perpétuelle, et pour que cette rente fût toujours servie, il plaça à Kos même le capital, peut-être chez ces mêmes banquiers juifs que nous y avons déjà entrevus [1].

Une inscription en l'honneur du fils d'Hérode, M. Herodes Antipas, tétrarque de Galilée et de Pérée, a été copiée dans l'île par Spon (*Misc. erud. ant.* X, 53, p. 338) et publiée de nouveau par Böckh, *C. I. Gr.* n° 2502.

ΗΡΩΔΗΝ
ΗΡΩΔΟΥΤΟΥΒΑΣΙΛΕΩΣΥΙΟΝ
ΤΕΤΡΑΡΧΗΝ
ΦΙΛΩΝΑΓΛΑΟΥΦΥΣΕΙΔΕΝΙΚΩΝΟΣ
ΤΟΝΑΥΤΟΥΞΕΝΟΝΚΑΙΦΙΛΟΝ

La Judée n'était pas d'ailleurs la seule partie de la Syrie qui eût fourni des habitants à la nouvelle Kos. Au milieu du IVe siècle, le Chaldéen Bar-Osia, appelé par les Grecs et les Romains Bérose, vint s'y fixer et y ouvrir une école célèbre d'astrologie et d'astronomie. C'est à ce Bérose qu'on attribue l'invention de l'espèce de cadran solaire appelée Hémicycle, qui resta toujours la plus em-

Ὑποτέτακται δὲ τὰ δεδογμένα. Ὑμᾶς θέλω φροντίσαι καὶ προνοῆσαι τῶν ἀνθρώπων κατὰ τὸ συγκλήτου δόγμα, ὅπως διὰ τῆς ὑμετέρας χώρας εἰς τὴν οἰκείαν ἀσφαλῶς ἀνακομισθῶσι. Voy. sur. C. Fannius, Waddington, *Fastes des prov. asiat.* I, p. 64-67, n° 34.

[1] Flav. Josèphe, *Bell. Jud.* I, XXI, 11 (à propos d'Hérode). Πολλαὶ δὲ πόλεις, ὥσπερ κοινωνοὶ τῆς βασιλείας, καὶ χώραν ἔλαβον παρ' αὐτοῦ· γυμνασιαρχίας δὲ ἄλλας ἐπετησίοις τε καὶ διηνεκέσιν ἐδωρήσατο προσόδοις, κατατάξας, ὥσπερ Κῴοις, ἵνα μηδέποτε ἐκλείπῃ τὸ γέρας.

ployée par les anciens, même après l'invention du cadran conique par Dionysodore de Mélos[1]. Bérose n'était probablement en cela, comme en fait d'astrologie, que le propagateur dans le monde grec des inventions astronomiques des Chaldéens et des Phéniciens.

D'Ansse de Villoison avait vu à Kos un cadran solaire (Manuscrits de Villoison, à la Bibliothèque nationale, t. II, p. 259. — Cf. *Mém. Acad. inscr.* XLVII, p. 325). Il en donne l'inscription, que Böckh a publiée (*C. I. Gr.* 2510), en la restituant ainsi :

ΚΑΛ] ΛΙΠΠΟΣ[2]
ΑΥΤΟΦ[Ω]Ν[Τ]ΟΣ
ΤΟΩΡΟΛΟΓΙΟΝΤΥΧΑΙ
ΑΓΑΘΑΙΚΑΙΑΓΑΘΩΙ
ΔΑΙΜΟΝΙΚΑΙΤΩΙΔΑΜΩΙ

Il serait intéressant de savoir si ce cadran solaire était du système de Bérose. Mais Villoison, avec sa légèreté ordinaire, a oublié de le décrire.

Un décret de proxénie[3] en l'honneur d'un Tyrien dont le nom sémitique a été rendu en grec par Théron, fils de Boudastratos,

[1] Vitruve, IX, vi; éd. Rose et Muller-Strübing, p. 232. «Chaldæorum ratiocinationibus est concedendum quod propria est eorum genethlialogiæ ratio.... primusque Berosus in insula et civitate Coo consedit ibique aperuit disciplinam, post ei studens Antipater...» Cf. *ibid.* IX, ii, p. 224. «Berosus qui ab Chaldæorum civitate sive natione progressus in Asia etiam disciplinam chaldaicam patefecit...» Cf. *ibid.* IX, viii, p. 236. «Hemicyclium excavatum ex quadrato ad enclimaque succisum Berosus Chaldæus dicitur invenisse.» — Sur l'hémicycle de Bérose et les autres genres de cadrans solaires, voyez une étude de mon frère M. G. Rayet dans les *Annales de physique et de chimie*, septembre 1875, t. VI, p. 52.

[2] On pourrait aussi lire ΦΙ]ΛΙΠΠΟΣ

[3] Ce décret est encastré dans le mur de la maison d'un négociant de Khora, nommé Georges Thymanakis. Il a été publié par M. Sakkélion (*Pandore*, n° 494, p. 302 A, 15 octobre 1870), d'après une copie de M. Démétrios Platanistis. M. Thymanakis ne m'a permis ni de l'estamper ni de le copier, s'imaginant, comme le font assez souvent les paysans grecs, que ce marbre était un trésor et qu'en en «soulevant les caractères» (ἂν ἐσηκόνουν τὰ γράμματα), j'en détruirais toute la valeur. Voici le texte du décret : Ἔδοξε τᾷ βουλᾷ καὶ τῷ δάμῳ· Διαγόρας Κλευχίου εἶπε· Ἐπειδὴ Θήρων Βουδαστράτου, Τύριος, ἀνὴρ ἀγαθός ἐστι περὶ τὸν δᾶμον τὸν Κῴων, καὶ ἐμ πᾶσι τοῖς καιροῖς χρείας διατελεῖ παρεχόμενος πᾶσι Κῴοις, δεδόχθαι τῷ δάμῳ ἐπαινέσαι τε αὐτὸν καὶ ἦμεν πρόξενον τᾶς πόλιος τᾶς Κῴων, καὶ ἐκγόνους. Ἦμεν δὲ αὐτοῖς ἔσπλουν καὶ ἔκπλουν καὶ ἐμ πολέμῳ καὶ ἐν εἰράνᾳ ἀσυλεὶ καὶ ἀσπονδεί, καὶ αὐτοῖς καὶ χρήμασι τοῖ[ς αὐτῶν.....?]αὶ μισθωσάντω. Ἀναγρ[άψαι δὲ τὰν] προξενίαν ἐς τὰν στ[άλαν καὶ στῆσαι ἐν]τῷ ἱερῷ τῶν [δυώδεκα Θεῶν?]. Après le mot χρήμασι, la copie de M. Platanistis renferme certainement quelque inexactitude. Il faudrait quelque chose comme : τοὶ [δὲ ταμίαι τὰν

achève d'attester l'importance des rapports commerciaux de Kos avec la Phénicie et la Syrie à l'époque macédonienne.

Sont-ce ces relations avec Tyr et cet établissement d'immigrants venus des côtes de Syrie, qui amenèrent l'introduction à Kos de l'élève des vers à soie et de la fabrication de ces étoffes légères qui portaient chez les Romains le nom de *Coa*? Quoi qu'il en soit de cette hypothèse, cette fabrication fut, à l'époque romaine, une des principales sources de la richesse de l'île, et mérite à ce titre que nous nous y arrêtions un instant[1].

Originaire du pays des Sères, dans l'Asie centrale, l'élève du bombyx et la fabrication des étoffes de soie dut se répandre d'assez bonne heure en Assyrie[2]. Il est probable que les étoffes assyriennes, souvent vantées par les poëtes grecs et latins, étaient en soie. A l'époque de Pline, ces étoffes étaient encore les plus appréciées[3]. Les Phéniciens se bornaient-ils à les répandre dans l'Occident telles qu'ils les recevaient? La soie était-elle envoyée brute ou en cocons de l'Assyrie à Tyr et à Sidon pour y être tissée et teinte en pourpre, comme l'étaient aussi les laines? L'élève du bombyx même finit-elle par s'acclimater en Phénicie? Ici encore, comme bien des fois dans le cours de cette étude, nous en sommes réduits aux conjectures. En tout cas, ce ne peut guère être que de la Phénicie que les vers à soie ont été introduits à Kos. Car, malgré l'opinion contraire d'Orelli et de Vossius[4], il est certain qu'ils y ont été élevés dès le IVe siècle avant l'ère chrétienne.

Pline, qui l'affirme d'une manière positive, décrit cette élève telle qu'elle se faisait à Kos, dans des termes fort inexacts : il semble qu'il ait résumé de mémoire et sans le comprendre un auteur beaucoup mieux informé. Néanmoins en s'aidant, pour l'interprétation de son récit[5], des termes beaucoup plus brefs,

στάλ]α[ν] μισθωσάντω. בדעשתרת (Bodaschtoret suivant la prononciation hébraïque) est le nom d'un roi de Sidon dans la deuxième inscription de Sidon, l. 2.

[1] Sur les soieries de Kos, voyez une intéressante étude de l'abbé Brotier, *Mémoire sur les connoissances et l'usage de la soie chez les Romains*. Mém. Ac. inscr. t. XLVI, p. 452-462. Cf. Pardessus, *ibid.* N. S. XV. Pariset, *Histoire de la soie*, I; Paris, 1862. Waddington, *Édit de Dioclétien*, n. 84, 85, 86.

[2] Pline, *Hist. nat.* XI, XXV. «Quartum inter hæc genus est bombycum, in Assyria proveniens.»

[3] Cf. *ibid.* XXVII. «Assyria tamen bombyce adhuc feminis cedimus.»

[4] Orelli, *Ad Hor. Carm.* IV, XIII, 13. Vossius, *Epist. myth.* vol. III, p. 343. Cf. Kuester, *De Co insula*, p. 31.

[5] Pline, *Hist. nat.* XI, XXVII. «Bombycas et in Co insula nasci tradunt, cupressi,

mais plus justes du chapitre précédent (xxvi), emprunté à Aristote (*Hist. anim.* V, xx), on parvient à distinguer nettement toutes les phases de la vie du ver à soie, la naissance des chenilles (*papiliones parvos nudosque;* il a employé au chapitre xxvi le mot propre (*eruca*); les mues, fort inexactement dépeintes (*villis inhorrescere*); la montée (*trahi inter ramos*); la métamorphose en chrysalides (*corpori involvi nido volubili*); la cueillette des cocons (*ab homine tolli*); la conservation dans des cruches des cocons gardés pour la graine (*fictilibusque vasis*, etc.); la naissance et la mort des papillons (*subnasci sui generis plumas*, etc.); enfin, le ramollissement des cocons intacts dans l'eau tiède (*humore lentescere*) et le dévidage (*tenuari*, ou mieux au chapitre xxvi, *redordiri*) au moyen d'un fuseau de jonc. S'il fallait prendre ce texte à la lettre, les cocons employés à Kos auraient été les cocons percés, qui se filent et ne se dévident pas, et les *Coa* auraient été de la filoselle, et non de la vraie soie. C'est l'avis de M. Pariset, suivi par M. Waddington. M. Mommsen soutient avec raison, je crois, l'opinion contraire. Elle est mieux d'accord avec le sens de *ἀναλύειν* et de *redordiri*. Le dévidage des cocons intacts est d'ailleurs infiniment plus facile que le filage des cocons percés.

Aristote nous a transmis le nom de l'inventeur du moyen de dévider et de filer les cocons. C'était une femme, Pamphilé, fille de Platès, de Kos[1]. Pline parle aussi de Pamphilé dans deux passages, et les deux fois, il la fait naître à Céos[2]. L'erreur,

terebinthi, fraxini, quercus florem imbribus decussum terræ halitu animante : fieri autem primo papiliones parvos nudosque; mox frigorum impatientia villi. inhorrescere, et adversus hiemem tunicas sibi instaurare densas, pedum asperitate radentes foliorum lanuginem vellere; hanc ab his cogi unguium carminatione, mox trahi inter ramos, tenuari ceu pectine, postea apprehensam corpori involvi nido volubili; tum ab homine tolli, fictilibusque vasis tepore et furfurum esca nutriri : atque ita subnasci sui generis plumas, quibus vestitos ad alia pensa dimitti. Quæ vero capta sunt lanificia, humore lentescere, mox in fila tenuari junceo fuso. »

[1] Aristote, *Hist. anim.* V, xx, 6. *Ἐκ δὲ τούτου τοῦ ζῴου καὶ τὰ βομβύκια ἀναλύουσι τῶν γυναικῶν τινες ἀναπηνιζόμεναι, κἄπειτα ὑφαίνουσι· πρώτη δὲ ὑφῆναι ἐν Κῷ Παμφίλη Πλάτεω θυγάτηρ.*

[2] Pline, *Hist. nat.* XI, xxvi. « Telas araneorum modo texunt ad vestem luxumque feminarum, quæ Bombycina appellantur. Prima eas redordiri, rursusque texere invenit in Ceo mulier Pamphila Latoi filia, non fraudanda gloria excogitatæ rationis ut denudet feminas vestis. » *Id.* IV, xx. « Dein Ceos... ex hac profectam delicatiorem feminis vestem auctor est Varro. »

qu'elle soit de Pline ou de Varron, aux écrits duquel il se réfère, est évidente. Pline, du reste, cite le plus souvent de mémoire et sans vérifier l'exactitude de ses souvenirs. La confusion qu'il commet ici montre avec quelle défiance il faut se servir de ses textes quand ils ne sont pas corroborés par les témoignages d'auteurs plus graves.

Les vers à soie élevés à Kos étaient-ils ceux du mûrier? Pline affirme au contraire qu'ils vivaient sur les chênes, les frênes, les térébinthes et les cyprès. L'abbé Brotier admet l'exactitude de cette assertion. Il existe en effet des bombyx de chêne, avec les cocons desquels, en Chine et au Japon, on fait une soie rude et grossière; il y en a aussi qui vivent sur le frêne. Mais on n'en connaît pas sur le térébinthe, et il est difficile de croire qu'il y en ait de capables de se nourrir d'une feuille aussi dure que celle du cyprès. Forcés de rejeter une partie au moins du témoignage de Pline, où nous arrêterons-nous? Admettrons-nous que les bombyx de Kos étaient ceux du chêne? mais les chênes sont aujourd'hui fort rares dans l'Archipel, et il n'est pas probable qu'ils fussent plus communs jadis : les poëtes anciens qui nous parlent si souvent, lorsqu'ils décrivent les paysages des îles, des peupliers blancs, des pins, des platanes, des ormeaux, ne mentionnent presque jamais le chêne, si beau pourtant, et dont la majesté les aurait assurément frappés.

C'étaient des femmes qui étaient surtout employées au dévidage des cocons, au filage et au tissage de la soie [1]. Les étoffes ainsi fabriquées étaient le plus souvent teintes en rouge avec de la pourpre [2].

[1] Aristote, *Hist. anim.* V, xx, 6. Τὰ βομβύκια ἀναλύουσι τῶν γυναικῶν τινες... κἄπειτα ὑφαίνουσι. Cf. l'inventrice, Pamphilé. — Tibulle, *Eleg.* II, iii, 55 :

> Illa gerat vestes tenues quas femina Coa
> Texuit, auratas disposuitque vias.

[2] Horace, *Odes*, IV, xiii, 13. A Lydé devenue vieille :

> Nec Coæ referunt jam tibi purpuræ
> Nec clari lapides tempora, quæ semel
> Notis condita fastis
> Inclusit volucris dies.

Juvénal, VIII, 101. «...Conchylia Coa.»
Cf. peut-être (s'il faut admettre la correction de Lachmann) Properce, II, i, 5 :

> Sive illam Cois fulgentem incedere coccis,
> Hoc totum in Coa veste volumen erit.

(vulgo *cogis* ou *vidi*).

Le coquillage qui produit cette couleur était et est encore assez abondant dans la mer, en général peu profonde, qui s'étend entre Samos et Kos. Une inscription copiée à Khora par Köhler, et publiée d'après lui par Böckh [1], mentionne un marchand de pourpre et sa fille qui faisait le même commerce.

ΜΑΡ[Κ]ΟΥΣΠΕ
ΔΙΟΥΝΑΣΩ
ΝΟΣ
ΠΟΡΦΥΡΟΠΩ
ΛΟΥ
ΕΛΠΙΔΟΣ
ΣΠΕΔΙΑΣ
ΠΟΡΦΥΡΟΠΩ
[ΛΙΔΟΣ]

Ces étoffes étaient aussi quelquefois brodées d'or [2].

Moins estimées que celles d'Assyrie, les soieries de Kos n'en étaient pas moins extrêmement fines, souples et légères [3]. L'avantage qu'elles avaient d'accuser franchement tout ce qu'elles étaient censées couvrir les fit d'abord adopter par les chanteuses, les danseuses, les musiciennes et les courtisanes de tout genre. Horace, après avoir parlé des déceptions que le vêtement long et chaste des femmes honnêtes prépare à leurs séducteurs : « Au contraire, » dit-il, « la courtisane ne cache rien : dans sa robe de Kos, on la voit comme si elle était nue; on sait si sa jambe n'est pas mal, si son pied n'est pas vilain; on peut mesurer de l'œil l'ampleur de ses formes [4]. » Le nombre de fois où les étoffes de Kos sont mentionnées par Ovide, Tibulle, Properce, prouve combien elles

[1] Böckh, *C. I. Gr.* n° 2519.

[2] Tibulle, *Eleg.* II, III, 56. « . . . Auratas implicuitque vias. »

[3] Juvénal, VI, 259.

> Hæ sunt quæ tenui sudant in cyclade, quarum
> Delicias et panniculus bombycinus urit.

Tibulle, *Eleg.* II, III, 55. « . . . Vestes tenues. » — Perse, V, 135. « Lubrica Coa. »

[4] Horace, *Sat.* I, II, 101.

> Altera nil obstat : Cois tibi pæne videre est
> Ut nudam, ne crure malo, ne sit pede turpi;
> Metiri possis oculo latus.

étaient à la mode parmi les femmes légères auxquelles sont consacrés les vers de ces poëtes [1].

On voit fréquemment dans les peintures de Pompéi des déesses ou des danseuses autour du corps desquelles flotte, sans en dissimuler aucun des plus intimes détails, une sorte de gaze légère, ou, pour employer la pittoresque expression de Pétrone, un peu d'air tissé, un simple nuage [2]. Ces voiles si transparents ne sont pas, je crois, œuvre de fantaisie. Dans la liberté des festins, sinon dans la rue, les courtisanes devaient s'habiller ainsi.

Du demi-monde, l'usage des étoffes de soie ne pouvait manquer de passer vite aux honnêtes femmes; malgré l'indignation des philosophes [3], l'usage en fut bientôt général. Aussi, dès le IIe siècle, donnaient-elles lieu à un commerce très-important. En 169, un nommé A. Plutius Epaphroditus, négociant en soieries, *negociator sericarius*, fondait à Gabies un temple dans lequel il consacrait une statue de Vénus en bronze, quatre autres statues et un autel de même métal; à l'occasion de la dédicace, il faisait de grandes largesses aux décurions, aux *seviri augustales* et à tous les boutiquiers de la ville; enfin, il constituait une rente destinée à subvenir aux frais d'un repas annuel des décurions et des sévirs, le jour anniversaire de la naissance de sa fille Plutia Vera [4]. A l'époque des Antonins, les impératrices mêmes avaient des robes

[1] Outre les passages déjà cités, Tibulle, II, IV, 29 :

> Hinc Coa puellis
> Vestis, et e rubro lucida concha mari.

Aulus Sabinus :

> Dicitur et Coa sedisse in veste puella.

Ovide, *Art d'aimer*, II, 298 :

> Sive erit in Tyriis, Tyrios laudabis amictus ;
> Sive erit in Cois, Coa decere puta.

Properce, I, II, 2 :

> Quid juvat ornato procedere, vita, capillo,
> Et tenues Coa veste movere sinus?

[2] Petrone, *Satir.* LV, 15 :

> Æquum est induere nuptam ventum textilem?
> Palam prostare nudam in nebula linea?

[3] Sénèque, *De ben.* VI, IX, 5. « Video sericas vestes, si vestes vocandæ sunt, in quibus nihil est quo defendi aut corpus aut denique pudor possit; quibus sumptis parum liquido nudam se non esse jurabit. »

[4] Orelli, 1368. Cf. Henzen, 6252.

de soie. Lorsque Marc-Aurèle, pour subvenir aux frais de la guerre contre les Marcomans, vendit à l'encan les objets précieux de la maison impériale, dans la garde-robe de Faustine il se trouvait de ces étoffes[1]. Bien plus, depuis longtemps, les hommes, les plus raffinés du moins, s'étaient mis à porter pendant l'été des vêtements de soie de Kos, plus grossière et moins coûteuse; ils ne laissaient plus aux femmes que le privilége des soies assyriennes et sériques[2]. Sous Tibère, en l'an 16, le sénat avait bien défendu aux hommes de porter de la soie[3]. Mais il en avait été de cette loi comme de toutes les lois somptuaires, personne ne l'avait observée. En l'an 22, nouvelles discussions, nouvelles plaintes contre le port par les hommes de vêtements que bien des gens trouvaient encore indécents pour les femmes[4]. Et cette fois Tibère intervenait pour faire remarquer l'impuissance fatale de toute réglementation en ces matières. Caligula, bientôt après, se montra en public tantôt avec des vêtements de soie sérique (*sericatus*), tantôt avec des habits de soie de Kos, que l'on désignait particulièrement sous le nom de *cyclades*[5]. Kos, en effet, que nous rangeons parmi les Sporades, était souvent mise par les anciens au nombre des Cyclades. La distinction entre les deux groupes n'a jamais été faite bien nettement par les géographes, encore moins par la masse du peuple. Aucun des princes suivants, pas même Néron, ne paraît avoir imité ce luxe, mais Héliogabale y revint[6],

[1] Capitolin, *Antoninus philosophus*, éd. Jordan et Eyssenhardt, XVII, 15. « Cum autem ad hoc bellum omne ærarium exhausisset suum... in foro Divi Traiani auctionem ornamentorum imperialium fecit, vendiditque aurea pocula et crystallina et murrina, vasa etiam regia et vestem uxoriam sericam et auratam... »

[2] Pline, *Hist. nat.* XI, XXVII. « Nec puduit has vestes usurpare etiam viros, levitatem propter æstivam. In tantum a lorica gerenda discessere mores, ut oneri sit etiam vestis! Assyria tamen bombyce adhuc feminis cedimus. »

[3] Tacite, *Ann.* II, 33. « Proximo senatus die multa in luxum civitatis dicta a Q. Haterio consulari, Octavio Frontone prætura functo; decretumque, ne vasa auro solida ministrandis cibis fierent, ne vestis serica viros fœdaret. »

[4] Tacite, *Ann.* III, 53. « Promiscas viris et feminis vestes. »

[5] Suetone. *C. Cæsar*, 52. « Vestitu calciatuque et cætero habitu neque patrio neque civili, ac ne virili quidem ac denique humano semper usus est... in publicum processit... aliquando sericatus et cycladatus. » — Sur le sens de « cycladatus, » cf. Juv. VI, 259. Je ne crois pas qu'il faille voir dans la cyclas un vêtement d'une forme particulière. L'opposition faite ici entre *cycladatus* et *sericatus* prouve qu'il s'agit d'une différence de provenance et de qualité.

[6] Lampride. *Héliogabale*, 26. « Primus Romanorum holoserica veste usus fertur, cum jam subsericæ in usu essent. »

et malgré la réaction tentée par Aurélien [1], les soieries devinrent peu à peu d'un usage général, non-seulement chez les femmes, mais même chez les personnages de la cour impériale.

A ce moment sans doute, la soie de Kos n'était plus jugée assez belle, car il n'en est plus jamais fait mention. Les relations commerciales avec l'extrême Orient s'étaient d'ailleurs beaucoup développées, surtout depuis la restauration de l'empire perse; et ce fut des soies sériques, introduites en grande quantité à Rome, que l'on s'habilla désormais.

La Kos antique occupait sans aucun doute l'emplacement de la ville actuelle : elle s'étendait seulement, à ce qu'il semble, un peu plus loin du côté nord, autour du port. Toutes les fouilles faites accidentellement pour la fondation des maisons confirment les témoignages des auteurs anciens sur sa magnificence. A la profondeur d'une quinzaine de pieds, on trouve partout des marbres, des inscriptions, des tambours et des chapiteaux de colonnes doriques, les uns en beau marbre blanc, les autres en pierre. Les maisons, les jardins des *ἐξοχαίς* sont pleins de ces débris, quelques-uns du plus beau style. Quant à des monuments encore debout, il n'y en a nulle part de ruines visibles à la surface du sol. Tout est couvert d'une épaisse couche d'alluvions. On ne peut pas même deviner l'emplacement des murs. Renversés plusieurs fois par les tremblements de terre, si fréquents dans ces parages, jadis comme aujourd'hui, ils ont dû, là comme à Rhodes, finir par servir de carrière pour la construction des maisons et des remparts modernes. Ludwig Ross suppose que l'acropole était située sur la bande de sable qui sépare le port de la mer. S'il en était ainsi, les murs du château des chevaliers et ceux de la forteresse turque en contiendraient les matériaux et en cacheraient les dernières traces. Mais aucun texte ne mentionne l'existence d'une acropole à Kos, et il me paraît fort probable qu'il n'y en avait pas. Beaucoup de villes grecques situées en pays plat, surtout de celles bâties à une époque récente, n'ont jamais eu de forteresse. Le seul reste de l'époque hellénique encore

[1] Vopiscus, *Aurélien*, 45. « Vestem holosericam neque ipse in vestiario suo habuit neque alteri utendam dedit. Et cum ab eo uxor sua peteret ut unico pallio blattoserico uteretur, ille respondit : « Absit ut auro fila pensentur. » Libra enim auri tunc libra serici fuit. » — Sur le sens de *blattosericum*, voy. Waddington, *Édit de Dioclétien*, n° 87.

visible en place est un puits carré, construit en gros blocs trapézoïdaux, dans le jardin d'un koulah des faubourgs du nord, près du port. Il n'y a plus, après cela, que l'église d'Haghios Ioannis Prodromos, ou Ἑφτὰ βήματα (les sept tribunes), à l'ouest, à cinq minutes de la ville. C'est un édifice octogone, en briques, avec une coupole centrale et sept chapelles en forme de niches (le huitième côté étant occupé par la porte). L'intérieur de l'église était jadis décoré de colonnes prises à quelque édifice antique. Il ne reste plus en place que trois de ces colonnes; les autres ont été portées par les Turcs à la mosquée de Loza, près du platane. Des deux galeries latérales extérieures (ἔξω ναρθῆκες), il ne subsiste plus que les amorces de voûtes arrachées. Haghios Prodromos rappelle, toute proportion gardée, San Vitale de Ravenne, et doit remonter de même aux premiers temps de l'empire byzantin.

C'est dans les faubourgs de la ville qu'était situé l'Asklépiéion [1], un des plus anciens sanctuaires de ce genre que possédât le monde grec, et le plus célèbre depuis qu'il avait été illustré par Hippocrate [2]. Nous n'en avons aucune description ancienne; mais les quelques traits dispersés dans les auteurs, comparés avec la peinture détaillée que fait Pausanias du hiéron d'Épidaure [3], nous permettent de nous en former une idée.

Le sanctuaire du dieu formait un vaste péribole, considéré de toute antiquité comme un asile. C'est là que les habitants de Kos avaient mis en sûreté les citoyens romains établis dans leur île et que Mithridate leur ordonnait de massacrer. Tacite ne nous dit pas si ce droit d'asile fut maintenu par Tibère lors de la discussion qui eut lieu au sénat en 23 P. C.; mais la chose est vraisemblable [4].

[1] Strabon, XIV, II, 19. Ἐν δὲ τῷ προαστείῳ τὸ Ἀσκληπιεῖόν ἐστι, σφόδρα ἔνδοξον καὶ πολλῶν ἀναθημάτων μεστὸν ἱερόν.

[2] Il n'entre pas dans mon cadre de m'occuper d'Hippocrate et des Asklépiades. Je ne saurais, d'ailleurs, mieux faire que de renvoyer à l'excellente traduction d'Hippocrate par M. Littré et à l'étude qui la précède. Voyez aussi, pour l'origine des Asklépiades, K. O. Muller, *De rebus Coorum*. Gottingue, 1838.

[3] Pausanias, II, XXVII.

[4] Tacite, *Ann.* IV, 14. « Is quoque annus legationes græcarum civitatum habuit, Samiis Junonis, Cois Æsculapii delubro vetustum asyli jus ut firmaretur, petentibus. Samii decreto Amphictionum nitebantur... neque dispar apud Coos antiquitas, et accedebat meritum ex loco : nam cives Romanos templo Æsculapii induxerant, cum jussu regis Mithridatis apud cunctas Asiæ insulas et urbes trucidarentur. »

De même qu'à Épidaure[1], la plus grande partie du péribole était occupée par un bois sacré. C'est ce bois dont Turullius, un des meurtriers de César et un des amis d'Antoine, fit couper la plupart des arbres pour construire des vaisseaux[2].

Au milieu du bois sacré s'élevait naturellement le temple d'Asklépios lui-même et de sa compagne inséparable Hygie. Les écrivains anciens ne nous en disent rien; mais si, comme je le crois, un beau chapiteau, gisant sur le sol à quelque distance de Khora, provient de ses ruines, il était dorique, en marbre, de très-grande dimension, et avait été reconstruit sans doute à l'époque où les habitants d'Astypalæa émigrèrent dans la nouvelle ville. Il n'est pas possible de se faire, d'après les types très-variés des monnaies de Kos, une idée de la statue placée dans le temple.

Auprès du temple devaient s'élever les bâtiments où les suppliants venaient se faire soigner par les prêtres, conformément aux indications qu'ils avaient reçues de la bouche du dieu lui-même pendant leur sommeil.

Pausanias nous apprend qu'à Épidaure il y avait, dans l'intérieur du péribole, des stèles sur lesquelles les malades guéris par le dieu faisaient inscrire leur nom, l'indication de la maladie dont ils avaient souffert et celle des remèdes auxquels ils avaient dû leur guérison[3]. Au nombre des offrandes dont le sanctuaire de Kos était rempli, il existait aussi des stèles semblables[4]. C'est de leur

[1] Paus. II, XXVII, 1. *Τὸ δὲ ἱερὸν ἄλσος τοῦ Ἀσκληπιοῦ περιέχουσιν ὅροι πανταχόθεν· οὐδὲ ἀποθνήσκουσιν οὐδὲ τίκτουσιν αἱ γυναῖκές σφισιν ἐντὸς τοῦ περιβόλου.*

[2] Dion Cassius, LI, 8. *Καῖσαρ δὲ τὸν μὲν Τουρούλλιον ἀπέκτεινε (καὶ ἔτυχε γὰρ ἐκ τῆς ἐν Κῷ τοῦ Ἀσκληπιοῦ ὕλης ξύλα ἐς ναυτικὸν κεκοφὼς, καὶ δίκην τινὰ καὶ τῷ θεῷ, ὅτι ἐκεῖ ἐδικαιώθη, δοῦναι ἔδοξε).* Valère Maxime, I, 19. « Efficax ultor contemptæ religionis Æsculapius, qui consecratum templo suo lucum a præfecto Antonii ad naves ei faciendas magna ex parte succisum dolens, inter ipsum nefarium ministerium devictis partibus Antonii, imperio Cæsaris destinatum morti Turullium, manifestis numinis sui viribus, cum in lucum, quem violaverat, traxit, effecitque Deus ut ibi potissimum a militibus Cæsarianis occisus... »

[3] Pausanias, II, XXVII, 3. *Στῆλαι δὲ εἱστήκεσαν ἐντὸς τοῦ περιβόλου τὸ μὲν ἀρχαῖον καὶ πλέονες, ἐπ' ἐμοῦ δὲ ἓξ λοιπαί. Ταύταις ἐγγεγραμμένα καὶ ἀνδρῶν καὶ γυναικῶν ἐστὶν ὀνόματα ἀκεσθέντων ὑπὸ τοῦ Ἀσκληπιοῦ, προσέτι δὲ καὶ νόσημα ὅτι ἕκαστος ἐνόσησε, καὶ ὅπως ἰάθη.*

[4] Strabon, VIII, VI, 15 (en parlant d'Épidaure). *Καὶ τὸ ἱερὸν πλῆρες ἔχοντος ἀεὶ τῶν τε καμνόντων καὶ τῶν ἀνακειμένων πινάκων, ἐν οἷς ἀναγεγραμμέναι τυγχάνουσιν αἱ θεραπεῖαι, καθάπερ ἐν Κῷ τε καὶ Τρίκκῃ.*

étude, dit Strabon, qu'Hippocrate tira une partie des prescriptions contenues dans ses ouvrages[1]. C'est aussi à une inscription de ce genre, en vers, gravée dans le temple, que Pline emprunte la composition d'une thériaque contre la morsure des serpents, dont s'était servi, dit-il, avec succès le roi Antiochus le Grand[2].

Outre le temple même d'Asklépios et les bâtiments qui s'y rattachaient par une connexion naturelle, le péribole de Kos, comme celui d'Épidaure[3], devait contenir les temples de plusieurs divinités sans rapport aucun avec le culte d'Asklépios et d'Hygie. C'est sans doute dans quelqu'un de ces édifices, plutôt que dans le temple même du dieu de la médecine, qu'étaient placées les deux œuvres d'art les plus célèbres parmi toutes celles que contenait le sanctuaire, les deux tableaux d'Apelles représentant, l'un le roi Antigone, l'autre Aphrodite Anadyomène[4].

Pline parle deux fois de portraits d'Antigone faits par Apelles[5], sans que l'on puisse discerner si, dans les deux passages, il fait allusion à un seul et même tableau ou à deux peintures différentes, et sans que, Sillig l'a déjà remarqué, rien indique si l'une ou l'autre de ses descriptions se rapporte au chef-d'œuvre de l'Asklepiéion de

[1] Strabon, XIV, II, 19. *Φασὶ δ' Ἱπποκράτην μάλιστα ἐκ τῶν ἐνταῦθα ἀνακειμένων θεραπειῶν γυμνάσασθαι τὰ περὶ τὰς διαίτας.*

[2] Pline, *Hist. nat.* éd. Littré, XX, c. «Sed discessuri ab hortensiis, unam compositionem ex his clarissimam subtexemus, adversus venenata animalia, incisam lapide versibus Coi in æde Æsculapii : serpylli duum denarium pondus; opoponacis et mei, tantumdem singulorum; trifolii pondus denarii; anisi et feniculi seminis et ammii et apii, denariorum senum singulis generibus; ervi farinæ duodecim. Hæc tusa cribrataque vino quam possit excellenti, digeruntur in pastillos victoriati pondere. Ex his singuli dantur ex vini mixti cyathis ternis. Hac theriaca magnus Antiochus rex adversus omnia venenata usus traditur, aspide excepta.» Cf. Galien. *de Antid.* II.

[3] Pausanias cite dans le sanctuaire d'Épidaure (*ἐν τῷ ἱερῷ*) un théâtre, un temple d'Artémis, un autre d'Aphrodite, un de Thémis et un stade. Il est probable qu'à Kos aussi il y avait dans le téménos un stade, et que là se célébraient les jeux asklépiens que mentionne une inscription d'Halicarnasse publiée par moi dans la *Revue archéologique* (1872) : *Ἀσκλαπιεῖα τὰ ἐν Κῷ παῖδας ἵππιον.*

[4] Strabon, XIV, II, 19. *Πολλῶν ἀναθημάτων μεστὸν ἱερὸν, ἐν οἷς ἐστι καὶ ὁ Ἀπελλοῦ Ἀντίγονος· ἦν δὲ καὶ ἡ ἀναδυομένη Ἀφροδίτη...*

[5] Pline, *Hist. nat.* XXXV, XXXVI, 27. «Pinxit et Antigoni regis imaginem altero lumine orbam, prius excogitata ratione vitia condendi : obliquam namque fecit, ut quod corpori deerat, picturæ potius deesse videretur : tantumque eam partem e facie ostendit, quam totam poterat ostendere.» — *Ibid.* 33. «Fecit et... Antigonum thoracatum cum equo incedentem.»

Kos. Car il n'y a rien d'invraisemblable à ce qu'un peintre aussi à la mode qu'Apelles ait peint plusieurs fois Antigone, de même qu'il avait fait d'innombrables portraits de Philippe et d'Alexandre[1].

Nous avons plus de détails sur l'Aphrodite Anadyomène[2]. Elle passait non-seulement pour un des chefs-d'œuvre de la peinture, mais pour l'œuvre capitale d'Apelles lui-même. Les anciens s'en étaient beaucoup occupés; il y avait même des gens qui prétendaient connaître le nom du modèle que le peintre avait fait poser : c'était une courtisane esclave d'Alexandre, nommée Pancasté[3]. D'autres, il est vrai, affirmaient que c'était de Phryné qu'il s'était inspiré[4].

Les poëtes latins et grecs font souvent allusion à l'Aphrodite d'Apelles[5]. Cinq épigrammes recueillies par Planude sont consacrées à la célébrer[6]. Les détails de ces épigrammes sont assez d'ac-

[1] Pline, *Hist. nat.* XXXV, xxxvi, 30. « Alexandrum et Philippum quoties pinxerit, enumerare supervacuum est. »

[2] Pline, *ibid.* 28. « Venerem exeuntem e mari... quæ Anadyomene vocatur... »

[3] Pline, *ibid.* 24. « Quanquam Alexander honorem ei clarissimo perhibuit exemplo : namque quum dilectam sibi ex pallacis suis præcipue, nomine Pancasten [*vulgo* Campaspen], nudam pingi ob admirationem formæ ab Apelle jussisset, cumque, dum paret, captum amore sensisset, dono eam dedit... Sunt qui Venerem Anadyomenen illo pictam exemplari putent. » — Cf. Sillig, *Catalogus*, p. 67, note 26.

[4] Athénée, XIII, 590 F.

[5] Ovide, *Ars am.* III, 401 :

> Si Venerem Cous nunquam posuisset Apelles
> Mersa sub æquoreis illa lateret aquis.

Id. *Pont.* IV, 1, 29 :

> Ut Venus artificis labor est et gloria Coi,
> Æquoreo madidas quæ premit imbre comas.

Cic. *Orator.* II. « Ne opifices quidem se artibus suis removerunt, qui aut Ialysi, quem Rhodi vidimus, non potuerunt, aut Coæ Veneris pulchritudinem imitari. » Cf. *de Div.* I, xiii. « Veneris Coæ pulchritudinem. »

[6] Antipater de Sidon (*Anth. Plan.* iv, 178).

> Τὰν ἀναδυομέναν ἀπὸ ματέρος ἄρτι θαλάσσας
> Κύπριν, Ἀπελλείου μόχθον ὅρα γραφίδος,
> Ὡς χερὶ συμμάρψασα διάβροχον ὕδατι χαίταν,
> Ἐκθλίβει νοτερῶν ἀφρὸν ἀπὸ πλοκάμων.....

Archias (*ibid.* 179).

> Αὐτὰν ἐκ πόντοιο τιθηνητῆρος Ἀπελλῆς
> Τὰν Κύπριν γυμνὰν εἶδε λοχευομέναν,

cord entre eux pour que nous puissions nous faire une idée au moins de la composition du tableau.

La déesse était représentée debout, de face, sous les traits d'une jeune vierge dont le sein s'arrondissant annonce le plein épanouissement de la beauté (*καὶ μαζὸς, ἀκμῆς ἄγγελος, κυδωνιᾷ*); dans ses yeux brillait un calme désir (*εὖ δ' ὀμμάτων γαληνὸς ἐκλάμπει πόθος*). Ses mains ramenaient contre ses joues (*κατὰ λευκὰ παρήϊα*) les boucles de son abondante chevelure, et faisaient, par une délicate pression (*ἄκραις χερσὶν*), ruisseler l'eau dont elles étaient imprégnées. Les jambes étaient couvertes par une draperie; la poitrine seule était nue (*σῖέρνα μόνον φαίνουσα*)[1]. Au second plan,

> Καὶ τοίαν ἐτύπωσε, διάβροχον ὕδατος ἀφρῷ
> Θλίβουσαν θαλεραῖς χερσὶν ἔτι πλόκαμον.

Démocrite (*ibid.* 180).

> Κύπρις ὅτε σῖαλάουσα κόμας ἁλιμυρέος ἀφροῦ
> Γυμνὴ πορφυρέου κύματος ἐξανέδυ,
> Οὕτω που κατὰ λευκὰ παρήϊα χερσὶν ἑλοῦσα
> Βόσῖρυχον, Αἰγαίην ἐξεπίεζεν ἅλα,
> Στέρνα μόνον φαίνουσα, τὰ καὶ θέμις.....

Julien l'Égyptien (*ibid.* 181).

> Ἄρτι θαλασσαίης Παφίη προὔκυψε λοχείης,
> Μαῖαν Ἀπελλείην εὑραμένη παλάμην.
> Ἀλλὰ τάχος γραφίδων ἀποχάζεο, μή σε δινήνῃ
> Ἀφρὸς ἀποσῖάζων θλιβομένων πλοκάμων...

Léonidas de Tarente (*ibid.* 182).

> Τὰν ἐκφυγοῦσαν ματρὸς ἐκ κόλπων ἔτι
> Ἀφρῷ τε μορμύρουσαν εὐλεχῆ Κύπριν
> Ἰδὼν Ἀπελλῆς, κάλλος ἱμερώτατον,
> Οὐ γραπῖὸν, ἀλλ' ἔμψυχον ἐξεμάξατο.
> Εὖ μὲν γὰρ ἄκραις χερσὶν ἐκθλίβει κόμαν,
> Εὖ δ' ὀμμάτων γαληνὸς ἐκλάμπει πόθος,
> Καὶ μαζὸς, ἀκμῆς ἄγγελος, κυδωνιᾷ·
> Αὐτὰ δ' Ἀθάνα καὶ Διὸς συνευνέτις
> Φάσουσιν· «ὦ Ζεῦ, λειπόμεσθα τῇ κρίσει.»

[1] Le témoignage de Démocrite est très-précis. Il n'est pas contredit par l'épithète de *γυμνή* que donne Archias à l'Aphrodite Anadyomène. *Γυμνός*, en effet, en grec, comme *nudus* en latin, n'indique nullement une nudité complète, mais un simple déshabillé; c'est en ce sens qu'un laboureur, qui a quitté ses longs vêtements pour ne garder que sa tunique, est appelé *γυμνός* ou *nudus* (par

on apercevait sans doute la mer d'où la déesse venait à peine de sortir. Le bleu foncé et presque violet des flots (πορφυρέου κύματος, cf. le ἰοειδέα πόντον d'Homère) était propre à faire valoir par un vigoureux contraste les tons délicats des chairs de la jeune vierge. Une lumière éclatante inondait la scène, comme pour attester l'allégresse de la nature :

Tibi rident æquora ponti
Placatumque nitet diffuso lumine cœlum.
(Lucr. I, 8, 9.)

On retrouve dans plusieurs bronzes antiques la pose de l'Anadyomène. Quant aux qualités principales de la peinture, nous ne pouvons que les deviner. Se comparant lui-même aux autres peintres de son temps, Apelles, au témoignage de Pline[1], disait « qu'il leur manquait à tous ce charme que les Grecs appellent χάρις; qu'ils possédaient tout le reste, mais que, pour cela seul, il n'avait point d'égal. » La traduction littérale du mot χάρις est grâce; peut-être serait-il plus conforme au sens vrai de le rendre par cet aspect indéfinissable de la chair vivante que les Italiens appellent *morbidezza*. C'est, en effet, la *vie* que loue, dans l'Anadyomène, l'épigramme de Léonidas de Tarente (οὐ γραπτὸν, ἀλλ' ἔμψυχον ἐξεμάξατο).

Les gens de Kos étaient justement fiers de leur Anadyomène et

ex. Cincinnatus). Aristophane (*Lys.* 82) appelle aussi γυμναί les jeunes filles lacédémoniennes qui luttaient dans le gymnase, vêtues seulement d'une courte chemise qui laissait une épaule à découvert (comme dans l'Amazone du Vatican). Ce qui prouve bien que γυμνός ne signifie pas nu, c'est que Démocrite lui-même, qui nous dit que la poitrine seule de l'Anadyomène était découverte, l'appelle cependant γυμνή (γυμνὴ πορφυρέου κύματος ἐξανέδυ). Il ne faut pas oublier, d'ailleurs, que l'Anadyomène est de la fin du IVe siècle, et que, à cette époque, les nudités complètes étaient encore considérées comme choquantes. Les gens de Kos au même moment refusaient l'Aphrodite nue de Praxitèle et en préféraient une autre du même sculpteur, plus décente (cf. τὰ καὶ θέμις), mais moins belle. (Pline, *Hist. nat.* XXXVI, IV, 9. « Duas fecerat, simulque vendebat, alteram velata specie, quam ob id quidem prætulerunt, quorum conditio erat, Coi, quum alteram etiam eodem pretio detulisset, severum id ac pudicum arbitrantes : rejectam Cnidii emerunt, immensa differentia famæ. »

[1] Pline, *Hist. nat.* XXXV, XXXVI, 17, 18. « Præcipua ejus in arte venustas fuit. Quum eadem ætate maximi pictores essent... collaudatis omnibus, deesse iis illam suam venerem dicebat, quam Græci χάριτα vocant : cætera omnia contigisse, sed hac sola sibi neminem parem. »

y tenaient beaucoup[1]. Auguste la leur prit pourtant[2], et, pour les dédommager, il leur fit remise de 100 talents sur leur contribution annuelle[3].

Le tableau, placé dans le temple de Jules César, sur le Forum, ne tarda pas à souffrir de l'humidité de cet endroit bas et boueux. La partie inférieure se moisit; peu à peu la pourriture envahit tout le reste sans qu'on trouvât le moyen d'en arrêter ou d'en réparer les ravages. Il fallut que Néron enlevât l'Anadyomène du temple et la remplaçât par une autre peinture[4]. Le tableau d'Apelles fut transporté ailleurs, au Palatin ou à la Maison dorée peut-être. Vespasien le fit restaurer[5]. Que devint-il à partir de ce moment? Nous n'en savons rien, et il n'en est plus question dans aucun texte.

Nous ne savons rien non plus de l'autre Aphrodite qu'Apelles, vers la fin de sa vie, avait commencé à peindre pour les habitants de Kos et qui était restée inachevée[6], ni de l'Aphrodite à moitié drapée de Praxitèle, que les gens de Kos avaient préférée à celle toute nue célèbre sous le nom d'Aphrodite de Cnide[7]. Celle-ci était

[1] Cicéron. *Verr.* IV, 60. «Quid arbitramini Rheginos... merere velle, ut ab eis marmorea Venus illa auferatur?... Quid Cnidios ut Venerem marmoream? quid, ut pictam, Coos?...»

[2] Pline, *Hist. nat.* XXXV, XXXVI, 28. «Venerem exeuntem e mari Divus Augustus dicavit in delubro patris Cæsaris...» Strabon, XIV, II, 19. *Ἦν δὲ καὶ ἡ ἀναδυομένη Ἀφροδίτη, ἣ νῦν ἀνάκειται τῷ Θεῷ Καίσαρι ἐν Ῥώμῃ, τοῦ Σεβαστοῦ ἀναθέντος τῷ πατρὶ τὴν ἀρχηγέτιν τοῦ γένους αὐτοῦ· φασὶ δὲ τοῖς Κῴοις ἀντὶ τῆς γραφῆς ἑκατὸν ταλάντων ἄφεσιν γενέσθαι τοῦ προσταχθέντος φόρου.*

[3] 556,000 francs environ. Cette somme devait représenter la contribution de plusieurs années.

[4] Pline, *Hist. nat.* XXXV, XXXVI, 28. «Hujus inferiorem partem corruptam qui reficeret, non potuit reperiri... consenuit hæc tabula carie; aliamque pro ea Nero principatu substituit suo, Dorothei manu.»

[5] Suétone, *Vespasien*, 18. «Coæ Veneris, item Colossi refectorem insigni congiario magnaque mercede donavit.» Il serait toutefois possible qu'il ne s'agît dans ces deux passages que d'un seul et même fait, et que Suétone voulût parler de Dorothéos.

[6] Pline, *H. N.* XXXV, XXXVI, 29. «Apelles inchoaverat et aliam Venerem Cois, superaturus etiam suam illam priorem. Invidit mors peracta parte: nec qui succederet operi ad præscripta lineamenta inventus est.» — Cic. *ad fam.* I, IX (à P. Lentulus). «Ut Apelles Veneris caput et summa pectoris politissima arte perfecit, reliquam partem corporis inchoatam reliquit.» — Cic. *de Off.* III, II. «P. Rutilium Rufum dicere solere... ut nemo pictor esset inventus, qui Coæ Veneris eam partem quam Apelles inchoatam reliquisset, absolveret : oris enim pulchritudo reliqui corporis imitandi spem auferebat.»

[7] Voy. plus haut, p. 95, n. 1, à la fin.

sans doute placée, comme l'Anadyomène, dans un temple de la déesse enclavé dans le péribole de l'Asklépiéion.

Ludwig Ross a publié le dessin et la description de plusieurs bas-reliefs encastrés dans la muraille de la citadelle turque, du côté de la mer[1]. Il les considère comme des dalles de la frise du temple d'Asklépios. Je ne puis admettre cette opinion. Un de ces fragments représente, il est vrai, Asklépios; mais il est d'un art si grossier qu'il ne peut provenir que de quelque édifice de l'époque la plus basse; quant aux autres, ce sont des scènes de bacchanales, non moins mal figurées, et qui n'ont rien de commun avec le dieu de la médecine.

Dans un champ, à quelques minutes à l'ouest de la ville, on remarque un chapiteau dorique en marbre blanc, de très-grande dimension et de profil très-pur; en cet endroit, les murs de clôture sont remplis de morceaux de beau marbre blanc. Là me paraît avoir été l'Asklépiéion. Il serait bien désirable que l'on fît en ce point des fouilles; elles ne seraient, une fois les travaux de recherche menés à bien, ni très-difficiles ni très-coûteuses. Il faudrait, il est vrai, extraire des déblais considérables; mais, en revanche, on ne serait gêné ni par des maisons, ni par l'eau. L'entreprise présenterait, d'ailleurs, un grand intérêt scientifique : l'Asklépiéion de Kos n'était pas seulement un des plus importants sanctuaires de ce genre, c'est aussi le seul dont on puisse espérer retrouver des restes considérables. Ne fît-on qu'en relever le plan, la peine ne serait point perdue; mais il est probable qu'on y découvrirait aussi nombre de ces stèles votives, si intéressantes pour l'histoire de l'art médical, des inscriptions pleines de renseignements sur le culte si peu connu d'Asklépios et d'Hygie, enfin quelques-unes de ces œuvres d'art dont Strabon dit que le péribole était plein.

Les marbres provenant de tombeaux sont en très-grand nombre dans la banlieue de Khora, surtout au nord-ouest, dans la direction du chemin de Pili. C'est sans doute surtout de ce côté que s'étendait la nécropole. Il est à noter néanmoins que l'on ne trouve jamais à Khora ni vases, ni figurines en terre cuite, ni aucun de ces menus objets si abondants dans les nécropoles grecques. Personne ne fait de fouilles systématiques, et la couche d'alluvions déposée par les pluies au-dessus du sol antique est trop épaisse

[1] *Friesplatten vom Asklepiostempel zu Kos*, dans les *Archæologische Aufsätze*, II, p. 402-405 et pl. VII.

pour que le hasard suffise à faire découvrir aux paysans les sépultures encore intactes.

A trois quarts d'heure de la ville et presque à mi-pente de la montagne, se trouve le plus intéressant assurément des édifices antiques encore visibles à Kos, la fontaine qui porte aujourd'hui, comme au temps de Philétas [1] et de Théocrite [2], le nom de Vourina. J'ai déjà décrit, dans la première partie de ce mémoire, l'admirable site où elle se trouve. Quant à la fontaine même, elle a été étudiée et dessinée en détail par Texier, par Ross et par M. Pullan [3]. Je ne saurais mieux faire que de renvoyer aux pages et aux planches qui lui ont été consacrées par ces trois voyageurs, surtout par le dernier, connu de tous ceux qui s'intéressent à l'architecture grecque pour sa restauration du Mausolée et ses fouilles à Téos et à Priène. Je me contenterai ici d'une description sommaire. La fontaine Vourina se compose d'une chambre souterraine, creusée dans la roche vive et revêtue d'une voûte à arêtes paraboliques et à assises horizontales disposées en encorbellement et admirablement jointoyées. Cette chambre, large de 2m,80 et haute de 10m,30, prend jour en haut par une ouverture circulaire semblable à la bouche d'un puits. L'eau sourd dans un coin où la paroi de la roche a été laissée à nu, traverse la chambre par une petite rigole, et s'écoule au dehors par une galerie légèrement courbe, longue de 31 mètres. Cette galerie n'a guère que 60 centimètres de large, et la cunette dans laquelle l'eau coule l'occupe presque entière, ne laissant des deux côtés qu'un trottoir de quelques centimètres à peine; les parois en sont formées de blocs trapézoïdaux de dimensions inégales, travaillés et ajustés avec le plus grand soin. Cette galerie, si basse que l'on n'y pénètre qu'en se

[1] Schol. ad Theocr. VII, 6. Philétas :

Νάσσατο δ' ἐν προχοῇσι μελαμπέτροιο Βυρίνης.

[2] Théocr. VII, 6 :

Χάλκωνος, Βούριναν ὃς ἐκ ποδὸς ἄνυε κράναν
Εὖ γ' ἐνερεισάμενος πέτρᾳ γόνυ.

Cf. Andromachos, dans Galien, *de Antidot.* éd. Kühn, XIV, p. 42.

[3] Voy. Texier, *Voy. en Asie Mineure*, II, p. 310, et planches du même volume. — Ludwig Ross, *Die Brunnenhaus des Burinna*, dans les *Arch. Aufsätze*, II, p. 389-393. — Newton, *Cnidus, Halicarnassus and Branchidæ*, II (*Report* of M. Pullan) et planches. — Citons aussi pour mémoire un article de M. Pantélidis dans la *Pandore*, XII, n° 181 : *Περὶ τῆς ἐν Κῷ Βουρίνης.*

courbant, est recouverte, dans une partie de sa longueur, de larges pierres plates, et, dans l'autre, d'une voûte rudimentaire formée de deux blocs inclinés qui en enserrent entre eux un troisième placé en clef.

Outre cette galerie, il en existe au-dessus, et dans un axe un peu différent, une autre plus large et plus haute, mais construite avec beaucoup moins de soin, couverte en plate-bande et longue seulement de 11 mètres. Cette seconde galerie, aujourd'hui en partie obstruée, descend par une pente rapide et aboutit à peu près à mi-hauteur de la chambre. Elle a dû être creusée simplement pour faciliter l'extraction des déblais.

La construction de ce monument est évidemment très-ancienne, puisque, dès le temps de Théocrite, elle était attribuée au héros mythologique Khalkon, fils d'Eurypylos et de Clytie. Elle ressemble beaucoup à celle du trésor d'Atrée, à Mycènes.

La plaine qui s'étend au nord du mont Dikhios, entre Khora et le Misitra-Potamos, devait être jadis couverte de villages. Strabon en nomme un, Stomalimné[1], dont il n'indique la position que d'une manière peu claire, et dont il n'existe pas de ruines reconnaissables, mais que l'étymologie du nom ne permet pas de placer ailleurs qu'auprès de l'étang salé appelé Halykia.

Ce nom, dérivé de Ἁλυκίς qui, en grec ancien, veut dire *saline,* rappelle à son tour Ἄλεις, Halente, nom d'une localité mentionnée dans l'idylle VII de Théocrite[2]. Qu'était-ce qu'Halente? Il est inutile de le demander aux scholiastes : ils ne le savent pas plus que nous. C'est un dème, disent-ils, ou bien un endroit de l'île de Kos. Le poëte Moschos en fait un fleuve, dans un vers qui semble inspiré par quelque réminiscence de Philétas[3]. Beaucoup de fleuves en effet ont porté des noms analogues : un ruisseau du territoire de Colophon s'appelait Ἄλης, une rivière du Bruttium

[1] Strabon, XIV, II, 19 : Ἀπὸ δύσεως δὲ τὸ Δρέκανον καὶ κώμην καλουμένην Στομαλίμνην.

[2] Théocr. *Id.* VII, v. 1 :

Ἦς χρόνος ἀνίκ' ἐγώ τε καὶ Εὔκριτος ἐς τὸν Ἄλεντα
Εἵρπομες ἐκ πόλιος...

Schol. Ἄλευς ἡ δῆμος τῆς Κῶ, οὕτω καλούμενος ἀπό τινος Ἄλεντος, ἢ τόπος ἐν Κῷ οὕτως ὀνομαζόμενος ἀπὸ Ἀλεντίου τινὸς βασιλέως.

[3] Moschos (cité par Kuester et par Ross), V, 99. Ποταμῷ παρ' Ἄλεντι Φιλήτας.

(l'Alice moderne) Ἄληξ, une autre de Sicile (le Platani) Ἄλυκος ou Ἄλευς; il ne serait pas étonnant que le ruisseau de Linopoti ou le Kondri-Hilias, qui débouchent aujourd'hui encore dans l'étang salé, aient été désignés par le nom d'Halente. Mais, comme le remarque Otfried Muller[1], dans l'idylle de Théocrite, le nom d'un fleuve n'indiquerait pas d'une manière assez précise le lieu où est la maison de Phrasidamos. Le nom d'Halente a donc dû s'appliquer, non-seulement au cours d'eau, mais à quelque village placé sur ses bords. Deux endroits conviennent surtout à la charmante description de Théocrite[2] : Linopoti, où une fontaine abondante sort des flancs du Méso-Vouno, et, après avoir fait tourner plusieurs moulins, va se perdre dans l'Halykia; mais surtout le hameau turc de Koniario, bâti au milieu de grands platanes, sous une bande de rochers d'où ruissellent de toutes parts des eaux limpides et glacées. La distance de ces deux points à Khora (quatre heures de marche) s'accorde aussi avec les indications de l'idylle. Théocrite, parti dans l'après-midi, avant la fin de la forte chaleur, arrive en effet à Halente avant le coucher du soleil.

L'idylle VII mentionne encore une autre localité, Πύξα ou Πύξαι, *les Buis*[3]. C'est là que se dirige le chevrier Lykidas, en quittant ses compagnons et tournant à gauche; que ce fût un village, un groupe de cabanes de bergers ou un endroit désert, Pyxa devait être très-haut dans la montagne et dans les environs de Khaïkoutais où les buis sont encore aujourd'hui très-abondants.

A ces localités, mentionnées par les textes, il faut certainement

[1] K. O. Mueller, *De rebus Coorum*, p. 7 (*Index Scholarum*, etc. Gottingue, 1838).

[2] Théocr. *Id.* VII, v. 135 :

> Πολλαὶ δ' ἄμὶν ὕπερθε κατὰ κρατὸς δονέοντο
> Αἴγειροι πτελέαι τε· τὸ δ' ἐγγύθεν ἱερὸν ὕδωρ
> Νυμφᾶν ἐξ ἄντροιο κατειβόμενον κελάρυσδεν.
> Τοὶ δὲ ποτὶ σκιαραῖς ὀροδαμνίσιν αἰθαλίωνες
> Τέττιγες λαλαγεῦντες ἔχον πόνον, ἁ δ' ὀλολυγὼν
> Τηλόθεν ἐν πυκιναῖσι βάτων τρύζεσκεν ἀκάνθαις.
> Ἄειδον κόρυδοι καὶ ἀκανθίδες, ἔστενε τρυγών,
> Ποτῶντο ξουθαὶ περὶ πίδακας ἀμφὶ μέλισσαι.
> Πάντ' ὦσδεν θέρεος μάλα πίονος, ὦσδε δ' ὀπώρας.

[3] *Ibid.* v. 130 :

> Χὠ μὲν ἀποκλίνας ἐπ' ἀριστερὰ τὰν ἐπὶ Πύξας
> Εἷρφ' ὁδόν...

ajouter les trois villages de Pili, d'Asphendiou et de Karyoti. Aucun d'eux, il est vrai, n'est cité dans les auteurs, mais les noms de Πήλιον, d'Ἄσπενδος et de Καρυώτης sont évidemment antiques.

L'emplacement de ces villages ouverts est, on le comprend sans peine, impossible à fixer exactement. Mais, dans toute la plaine, depuis les hauteurs sur lesquelles sont bâtis les villages actuels, jusqu'aux grèves du bord de la mer, on trouve, presque à chaque pas, des tombeaux, des débris de marbre, des traces d'habitations antiques. Le Mésaria-Potamos tire son nom des tombes que ses eaux ont mises à découvert [1]. Les restes antiques sont surtout nombreux en trois points :

1° Auprès des moulins de Linopoti existent encore un assez grand nombre d'arcades d'un aqueduc romain de basse époque et de construction très-grossière. Cet aqueduc était destiné à recueillir les eaux des plateaux d'Asphendiou et de Koniario pour les conduire à la ville; il n'a jamais été achevé : du moins on en perd la trace au bout d'un kilomètre et demi environ, et la tradition populaire fait encore aujourd'hui un récit merveilleux des causes de l'interruption du travail.

2° Du côté ouest du Méso-Vouno, au-dessous de Pili, toute la plaine que traverse le fleuve d'Haghia-Paraskévi est couverte de ruines, en général de l'époque byzantine et du temps des chevaliers, mais au milieu desquelles on découvre aussi quelques restes romains. Quand je passais à cet endroit, un paysan s'occupait à déblayer des murs en brique ayant appartenu, ce semble, à un édifice plus considérable qu'une maison privée, peut-être à des thermes. A l'extrémité même de la plaine, près de l'église d'Haghios-Ghéorghis, plusieurs blocs de marbre dispersés sur le sol proviennent d'un tombeau monumental. Un autre tombeau, souterrain et voûté, celui-là, a été trouvé près de là il y a peu d'années, mais l'entrée en a été déjà comblée par la terre. Enfin sur le rivage même, un endroit porte le nom significatif de *τὰ μάρμαρα*.

Quant aux murs helléniques mentionnés par la carte du commandant Graves, j'ai en vain parcouru la plaine pour les chercher. Aucun habitant du pays n'a pu non plus me les indiquer. Peut-être les officiers anglais ont-ils pris pour des constructions helléniques des restes d'époque beaucoup plus récente.

[1] Mesar, en turc, signifie *tombe*, et Mesarlik, *cimetière*. Les deux mots ont passé dans le grec corrompu des Sporades.

3° Le village même de Pili renferme, outre plusieurs inscriptions, un tombeau des plus intéressants [1]. C'est une vaste chambre creusée sous terre et voûtée. Cette chambre est ouverte aujourd'hui, et on y arrive par une tranchée profonde. Les murs en sont formés d'assises régulières d'énormes blocs de pierre joints avec une précision admirable. La voûte est un plein cintre dont tous les claveaux, appliqués l'un contre l'autre sans ciment, sont taillés d'après les règles les plus exactes. Le fond de la chambre est un mur plein et nu; dans les deux parois latérales sont percées des niches, six de chaque côté, d'ouverture carrée, profondes d'un peu plus de 2 mètres. On voit encore à l'entrée de ces niches les scellements de plomb par lesquels, après l'introduction des corps des morts, les pierres destinées à les fermer hermétiquement avaient été fixées. Une espèce de banquette règne des deux côtés devant les niches et permettait soit de déposer des offrandes, soit de s'asseoir.

La façade du tombeau était formée jadis par un portique ionique en marbre blanc dont quelques fragments se voient encore, les uns tout à côté, dans les murs de la petite église τοῦ Σταυροῦ, les autres dans le monastère du Paléo-Pili. Les ornements architecturaux qui décorent ces marbres peuvent se comparer, pour la pureté du profil et la délicatesse de l'exécution, aux morceaux analogues de l'Érechthéion. C'est aussi dans l'église de la Croix que se trouve l'inscription placée jadis à l'entrée du monument [2] :

ΙΕΡΑΑΓΑΚΑΙΑΟΙΚΙΑ
ΑΕΓΙΤΑΙΓΑΙΚΑΙΤΟΙΚΑ
ΓΟΙΚΑΙΤΑΙΟΙΚΙΑΙΤΑΙ
ΕΓΙΤΩΝΚΑΓΩΝΘΕΩΝ
ΔΥΩΔΕΚΑΚΑΙΧΑΡΜΥΛΟΥ
ΗΡΩ[ΟΣ]ΤΩΝΧΑΡΜΥΛΕΩΝ

Le héros Kharmylos n'est connu que par cette inscription, mais il devait être célèbre dans les légendes locales, car son nom était fort à la mode dans l'île : il se rencontre plusieurs fois dans les inscriptions.

[1] Ici, comme pour la fontaine Vourina, on me permettra de renvoyer à Ludwig Ross (*die Brunnenhaus der Burinna und das Heroon des Charmylos auf Kos*, dans les *Arch. Aufsätze*, II, p. 389-393 et pl. V), et surtout au rapport de M. Pullan (dans le grand ouvrage de M. Newton) accompagné de plans et de dessins excellents.

[2] Ross. *Inscr. græcæ ined.* III, p. 45, n° 309. — *Arch. Aufsätze*, II, p. 392. Texte beaucoup plus correct, mais sans fac-simile. Copie et estampage de moi.

Quant aux *Χαρμυλεῖς*, c'était sans doute un des *γένη* de Kos, comme les Asklépiades et les Héraklides[1], les Euryanaktides[2], les Nisyriades[3], etc. Les membres de ces nobles familles semblent s'être appelés les *Χαοί*[4].

Le caractère et le style de l'inscription nous reportent en plein ve siècle[5]. C'est une preuve de plus, après tant d'autres, que, contrairement à une opinion longtemps admise, les Grecs ont, de bonne heure, parfaitement su construire les voûtes, quoiqu'ils n'eussent pas, pour en assujettir les claveaux, le secours du ciment.

Chose curieuse! aujourd'hui encore, une fontaine située dans le voisinage du tombeau, ainsi que toute cette partie du village, est appelée Kharmyli.

La nombreuse population dont tant de débris attestent l'existence dans cette partie de l'île, à l'époque hellénique, ne doit pas surprendre. Région la plus productive d'une île qui passait pour être tout entière des plus fertiles[6], la plaine du nord était, dans presque toute son étendue, plantée en vignes[7]; or c'est là le genre de culture qui occupe le plus de bras et qui nourrit le plus d'hommes. Les vignes d'Asphendiou ne sont que le reste de plantations jadis beaucoup plus considérables.

Une partie du raisin de ces vignes était conservé sec par un procédé dont Pline donne la recette[8]. Les grappes, séchées au so-

[1] K. O. Muller, *De rebus Coorum.*

[2] Inscr. de Khora. Sakkélion, *Pandore*, t. XIX, n° 435, p. 46.

[3] Inscr. d'Halasarna, publiée par moi dans l'*Annuaire de la Société des études grecques*, 1875.

[4] Théocr. *Id.* VII, v. 5 : Χαῶν τῶν ἐπάνωθεν. Cf. Schol.

[5] Il ne faut pas oublier que les lettres longues ont été employées en Asie Mineure, non-seulement des années, mais des siècles, avant d'être usitées dans les inscriptions à Athènes.

[6] Strabon, XIV, II, 19 : Εὔκαρπος δὲ πᾶσα. — Eustathe. *ad Iliad.* XIV, 255 : *Ἣν καὶ εὐναιομένην καλεῖ διὰ τὸ τῆς νήσου εὔδαιμον. Οὗ χάριν ἐπιπολάζει παροιμία [οὐ] παλαιά, τὸ «ὃν οὐ θρέψει Κῶς, ἐκεῖνον οὐδὲ Αἴγυπτος.»* — Callimaque, *Hymne à Délos*, v. 164 : Λιπαρή τε καὶ εὔβοτος εἴ νύ τις ἄλλη.

[7] Philostrate, *Héroïq.* II, v, 7 : Ἐν Κῷ γὰρ τῇ νήσῳ... ἔτυχε μὲν ὀρύττων ἀμπέλους. — Pline, *H. N.* XVII, XXX, 5 : «Cos insula et vites tunc serit.»

[8] Pline, *H. N.* XV, XVIII : «Liguria maritima Alpibus proxima uvas sole siccas junci fasciis involvit, cadisque conditas gypso includit. Hoc idem Græci platani foliis, aut vitis ipsius aut fici, uno die in umbra siccatis, atque in cado vinaceis interpositis. Quo genere Coa uva et Berytia servantur, nullius suavitati postfe-

leil, étaient enveloppées dans des feuilles de figuier (comme aujourd'hui, en Italie, les raisins de Sorrente), de vigne ou de platane, puis mises en tonneaux par couches séparées par d'autres feuilles de vigne (sans doute pour empêcher l'humidité de se propager dans la masse); enfin les tonneaux étaient bouchés avec du plâtre. Ainsi préparé, le raisin de Kos ne le cédait en douceur à aucun autre.

Kos n'exportait pas seulement des raisins secs, elle était aussi célèbre pour ses vins, comme trois autres des Sporades, Khios, Lesbos et Ikaria. Il est singulier que les vins de ces quatre îles ne jouissent plus d'aucune réputation, tandis que ceux de Samos, dédaignés par Strabon, sont maintenant très-estimés, non-seulement dans le Levant, mais même en Europe [1].

Comme aujourd'hui encore, les vins de Kos étaient de deux sortes : d'abord un vin noir, épais, rude et même quelque peu âpre. C'était évidemment l'analogue du *κράσσι μαυρὸ αὐσΊηρό* d'à présent. Les traités hippocratiques prescrivent ce vin comme tonique [2]. En faisant cuire les vins de ce genre sur un feu doux, y ajoutant un peu de farine, puis versant la liqueur devenue épaisse sur une table et la laissant sécher, les Turcs et les Grecs d'aujourd'hui fabriquent une espèce de pâte violacée, qu'ils appellent du *petmez;* on la sert coupée en petits morceaux, que l'on grignote dans l'intervalle des plats : le goût âpre de cette pâte réveille l'appétit. C'est la *fæcula Coa* d'Horace, dont la propriété, dit-il, était d'exciter les estomacs fatigués [3].

rendæ. Quidam, ut has faciant, in cinere lexivio tingunt protinus quam detraxere vitibus, mox in sole siccant; tum foliis, ut supra dictum est, involutas vinaceis stipant. »

[1] Strabon, XIV, I, 15 (en parlant de Samos). *ἜσΊι δ' οὐκ εὔοινος, καίπερ εὐοινουσῶν τῶν κύκλῳ νήσων, οἷον Χίου καὶ Λέσϐου καὶ Κῶ, καὶ τῆς ἠπείρου σχεδόν τι τῆς προσεχοῦς πάσης τοὺς ἀρίσΊους ἐκφερούσης οἴνους.* (Les mots *οἷον* — Κῶ, oubliés par quelque copiste et mis à la marge, ont été rétablis dans le texte après *οἴνους*; ce qui est évidemment une erreur : il faut les remonter après *νήσων*.) — *Ibid.* XIV, II, 19, à propos de Kos : *Οἴνῳ δὲ καὶ ἀρίσΊη, καθάπερ Χίος καὶ Λέσϐος.*

[2] Hippocr. éd. Littré, *Des Aff. internes*, 25 (t. VII, p. 233). *Καὶ πινέτω οἶνον αὐσΊηρὸν Κῷον ὡς μελάντατον.* *Ibid.* 30 (VII, 247). *Πινέτω δὲ οἶνον Κῷον ὑπόσΊρυφνον ὡς μελάντατον.*

[3] Horace, *Sat.* II, VIII, 9 :

...acria circum
Rapula, lactucæ, radices, qualia lassum
Pervellunt stomachum, siser, hallec, fæcula Coa.

Acron. fæcula Coa. Cum fæce Coi vini. Diminutive dixit : aliter genus uvæ de-

Le vin noir de Kos était l'objet d'un grand commerce. On en exportait surtout beaucoup pour les villes grecques du Pont-Euxin. C'est ce que nous apprend Démosthène dans le plaidoyer contre Lakritos. Seulement, dans la bouche de l'orateur athénien, le vin « excellent » de Strabon est devenu, pour les besoins de la cause, une sorte de piquette (*οἰνάριον*) et son âpreté de terroir s'est transformée en aigreur[1].

Outre le vin noir, Kos produit aujourd'hui un vin blanc très-sucré et très-épais. Ce vin, dont la fermentation imparfaite recommence dans l'estomac, est écœurant et provoque des migraines; de plus, il ne se conserve que quelques mois. Aussi y mêle-t-on presque toujours de la résine, ce qui lui donne un goût amer, mais le clarifie, l'empêche de tourner et en fait une boisson plus saine. La même nécessité avait fait imaginer dans l'antiquité un procédé différent, mais dont l'effet était analogue. Ce procédé consistait à mélanger au moût une certaine quantité d'eau de mer. — Les vins ainsi préparés s'appelaient *vins marinés* (*τεθαλαττωμένοι*). Ils étaient moins enivrants, et avaient des qualités à la fois stomachiques, digestives et laxatives[2].

Suivant Pline, c'est à Kos que ce procédé fut inventé, et par hasard. Un esclave remplaçait par de l'eau de mer le vin qu'il tirait en cachette des jarres : on n'eut qu'à l'imiter[3]. L'invention ne

coctæ. — Orelli explique : « Liquamen et condimentum ex Coi vini fæce paratum, » comme si jamais on avait pu tirer de la lie quelque chose de mangeable.

[1] Démosth. *contre Lakritos*, 32. *Λάκριτος δ' οὑτοσὶ ναυαγῆσαι ἔφη τὸ πλοῖον παραπλέον ἐκ Παντικαπαίου εἰς Θευδοσίαν, ναυαγήσαντος δὲ τοῦ πλοίου ἀπολωλέναι τὰ χρήματα τοῖς ἀδελφοῖς τοῖς ἑαυτοῦ, ἃ ἔτυχεν ἐν τῷ πλοίῳ ἐνόντα. Ἐνεῖναι δὲ τάριχός τε καὶ οἶνον Κῷον καὶ ἄλλ' ἄττα. Καὶ ταῦτα ἔφασαν πάντα ἀντιφορτισθέντα μέλλειν αὐτὰ ἄγειν Ἀθήναζε, εἰ μὴ ἀπώλετο ἐν τῷ πλοίῳ. Καὶ ἃ μὲν ἔλεγε, ταῦτ' ἦν, ἄξιον δ' ἀκοῦσαι τὴν βδελυρίαν τῶν ἀνθρώπων τούτων καὶ τὴν ψευδολογίαν..... τό τε οἰνάριον τὸ Κῷον ὀγδοήκοντα στάμνοι ἐξεστηκότος οἴνου, καὶ τὸ τάριχος ἀνθρώπῳ τινὶ γεωργῷ παρεκομίζετο ἐν τῷ πλοίῳ ἐκ Παντικαπαίου εἰς Θευδοσίαν τοῖς ἐργάταις τοῖς περὶ τὴν γεωργίαν χρῆσθαι.* — *Ibid.* 35. *Ὑμεῖς δ', ὦ ἄνδρες δικασταί, ἐνθυμεῖσθε πρὸς ὑμᾶς αὐτοὺς εἴ τινας πώποτ' ἴστε ἢ ἠκούσατε οἶνον Ἀθήναζε ἐκ τοῦ Πόντου κατ' ἐμπορίαν εἰσάγοντας, ἄλλως τε καὶ Κῷον. Πᾶν γὰρ δήπου τοὐναντίον εἰς τὸν Πόντον οἶνος εἰσάγεται ἐκ τῶν τόπων τῶν περὶ ἡμᾶς, ἐκ Πεπαρήθου καὶ Κῶ καὶ... ἐξ ἄλλων τινῶν πόλεων παντοδαπός.*

[2] Athénée, I, 32, 59, c. *Οἱ δ' ἐπιμελέστερον τεθαλαττωμένοι οἶνοι ἀκραίπαλοι τέ εἰσι καὶ κοιλίας λύουσι ἐπιδάκνουσί τε τὸν στόμαχον ἐμφυσήσεις τε ἐνεργάζονται καὶ συγκατεργάζονται τὴν τροφήν.* — Palladius, XI, XIV. (Les Grecs disent) « quod album et aliquatenus salsum, convenire vesicæ. »

[3] Pline, *H. N.* XIV, X. « Coi marinam aquam largiorem miscent, a servi furto

paraît pas très-ancienne : la première mention que nous en ayons est de l'époque macédonienne. Kos n'en garda pas longtemps le monopole : nombre de villes d'Asie Mineure et des Sporades, Lesbos, Rhodes, Myndos, Halicarnasse, Éphèse, Clazomènes, et sans doute bien d'autres encore, fabriquèrent du vin mariné. La proportion d'eau de mer mélangée au moût variait d'une ville à l'autre : dans l'*ἀνθοσμίας*, préparé vraisemblablement à Lesbos, puisque c'est Phanias d'Érésos qui nous en donne la composition[1], il n'en entrait qu'un cinquantième. Le vin de Clazomènes était aussi très-peu mariné[2], de même que celui de Rhodes[3]; le vin de Myndos était, au contraire, tellement salé, que Ménippe le Cynique appelait cette ville « buveuse d'eau de mer[4]. » Le vin d'Halicarnasse ressemblait à celui de sa voisine. Le *leucocoum* était un peu moins salé que le myndien, mais contenait cependant beaucoup plus d'eau de mer que le vin de Rhodes[5]. Pline, il est vrai, est ici en désaccord avec Athénée[6]; suivant lui, le vin de Kos aurait été semblable à celui de Rhodes. Le témoignage de l'auteur grec me paraît avoir plus d'autorité.

On essaya même d'imiter le vin de Kos en Italie[7]. Caton, qui n'aimait pas à voir passer de Rome en Grèce un argent que les

origine orta, sic mensuram explentis : idque translatum in album mustum Leucocoum appellatur. In aliis autem gentibus simili modo factum tethalassomenon. »

¹ Athénée, I, 32, 58 *a*. Περὶ δὲ τῆς τοῦ ἀνθοσμίου οἴνου σκευασίας Φανίας ὁ Ἐρέσιός φησι τάδε· « γλεύκει παραχεῖται ἐπὶ χοῦς πεντήκοντα εἷς θαλάσσης, καὶ γίνεται ἀνθοσμίας.

² Pline, *H. N.* XIV, IX : « Nunc gratia ante omnia est Clazomenio, postquam parcius mari condiunt. »

³ Athénée, I, 32, 59, *c*. Καὶ ὁ Ῥόδιος δὲ ἐλάττονος μὲν κεκοινώνηκε θαλάσσης, ὁ δὲ πολὺς αὐτοῦ ἀχρεῖός ἐστιν.

⁴ Athén. *ibid.* Τοιοῦτος δ'ἐστὶν ὅ τε Μύνδιος καὶ ὁ ἀπὸ Ἁλικαρνασσοῦ. Ὁ γοῦν κυνικὸς ὁ Μένιππος ἁλμοπότιν τὴν Μύνδον φησίν.

⁵ Athénée, *ibid.* Ἱκανῶς δὲ καὶ ὁ Κῷος τεθαλάττωται. — 33 *b*. Κῴῳ δὲ καὶ Μυνδίῳ καὶ Ἁλικαρνασίῳ καὶ παντὶ τῷ ἱκανῶς τεθαλαττωμένῳ συνᾴδει τὰ σκληρὰ τῶν ὑδάτων, οἷα κρηναῖα, καὶ ὄμβρια, ἐὰν ᾖ διυλισμένα καὶ πλείονα χρόνον καθεστάμενα. Cf. Pline, *H. N.* XIV, x : « Coi marinam aquam largiorem miscent. »

⁶ Pline, *H. N.* XIV, x : « Rhodium Coo simile est. Phorineum salsius Coo. » — Le mot *Phorineum* est certainement à corriger.

⁷ Pline, *H. N.* XIV, x : « Nec non apud nos quoque Coum vinum ex Italico faciendi rationem Cato demonstravit, super cætera in sole quadriennio maturandum præcipiens. »

agriculteurs italiens lui paraissaient tout aussi dignes de gagner, donne une recette pour le fabriquer. Cette recette est intéressante pour nous parce qu'elle nous apprend sans doute à peu près de quelle manière on préparait, à Kos même, le *leucocoum*. Comme aujourd'hui encore, on faisait d'abord sécher les raisins par une exposition de deux jours au soleil, ou de trois si le ciel était couvert; on retirait la grappe et les grains pourris, puis on mettait le reste des grains dans des tonneaux, et on y ajoutait un dixième d'eau de mer; on les laissait ainsi macérer pendant trois jours dans l'eau salée, puis on les retirait, on les foulait et on mettait le moût en barils [1].

Palladius mentionne aussi l'emploi du plâtre, dont on se sert encore aujourd'hui en Orient pour clarifier les vins trop épais, et de la résine, avec laquelle les vins blancs de Grèce sont maintenant presque tous préparés [2].

La tentative du vieux Caton pour fabriquer le leucocoum en Italie ne paraît pas avoir réussi, et le vin blanc de Kos resta plus estimé non-seulement que ses contrefaçons italiennes, mais même que tous ses analogues des îles et d'Asie Mineure. Les nombreux médecins que l'île de Kos envoyait en Occident préconisèrent avec zèle l'usage de ce produit de leur patrie, et, grâce à eux, la médecine romaine l'employa pendant longtemps comme laxatif,

[1] Caton, *De re rust.* CXII : « Vinum Coum si voles facere, aquam ex alto marinam sumito, mari tranquillo, quum ventus non erit, dies LXX ante vindemiam, quo aqua dulcis non perveniet. Ubi hauseris de mari, in dolium fundito; nolito implere : quadrantalibus V minus sit quam plenum. Operculum imponito, relinquito qua interspiret. Ubi dies XXX præterierint, transfundito in alterum dolium puriter et leviter; relinquito in imo quod desederit. Post dies XX in alterum dolium item transfundito, ita relinquito usque ad vindemiam. Unde vinum Coum facere voles, uvas relinquito in vinea, sinito bene coquantur. Et ubi pluerit, et siccaverit, tum deligito. Et ponito in sole biduum, aut triduum sub dio, si pluviæ non erunt; si pluvia erit, in tecto in cratibus componito. Et si qua acina corrupta erunt, depurgato. Tum sumito aquam marinam q. s. s. e., in dolium quinquagenarium infundito aquæ marinæ q. x. Tum acina de uvis miscellis decerpito de scopione; in idem dolium, usque dum impleveris, manu comprimito, ut combibant aquam marinam. Ubi impleveris dolium, operculo operito, relinquito qua interspiret. Ubi triduum præterierit, eximito de dolio, calcato in torculario, et id vinum condito in dolia lauta et pura et sicca. »

[2] Palladius, XI, XIV : « Ergo ejus (c'est-à-dire d'eau de mer) octogesimam partem musto admiscent et gypsi quinquagesimam, post tertiam deinde diem fortiter commovent, ac pollicentur non ætatem solum vino, sed splendorem quoque coloris afferre. »

soit seul, soit comme auxiliaire d'autres médicaments plus énergiques[1].

La dernière des trois parties de l'île, la région de plateaux intermédiaire entre la grande plaine du nord et l'espèce de presqu'île formée par le mont Latra, ne nous occupera pas longtemps.

Cette région renfermait deux dèmes. Plutarque[2] cite le premier à propos d'un détail curieux du culte qu'on y rendait à Héraklès; il s'appelait Antimakhia (Ἀντιμαχία), et le nom s'en est conservé jusqu'à nos jours sans autre altération que le recul de l'accent sur l'antépénultième. Plusieurs inscriptions publiques trouvées dans la localité même mentionnent deux autres villages réunis à l'existence politique du premier, et ne formant avec lui qu'un seul dème, comme aujourd'hui encore quatre ou cinq hameaux voisins, mais distincts, composent le bourg moderne.

ΟΔΑΜΟΣΟΑΝΤΙΜΑΧΙΔΑΝ
ΚΑΙΑΡΧΙΑΔΑΝΚΑΙΑΙΓΗΛΙΩΝ
ΚΑΘΙΕΡΩΣΕΝΤΙΒΕΡΙΟΝΚΛΑΥΔΙΟΝ
ΓΕΡ]ΜΑΝΙΚΟΝΚΑΙΣΑΡΑΣΕΒΑΣΤΟΝ[3].

Malheureusement, le nom actuel de la bourgade, quelques inscriptions dispersées dans les églises, voilà tout ce qui reste de ces trois localités. Les murs de la forteresse d'Andimakhia, deux fois reconstruits, ont employé jusqu'à la dernière pierre des édifices

[1] Horace, *Sat.* II, IV, 29 :

Si dura morabitur alvus,
Mitulus et viles pellent obstantia conchæ,
Et lapathi brevis herba, sed albo non sine Coo.

Pline, *H. N.* XXIII, XIV (à propos de l'œnanthe) : « Radix decocta in aqua, pota in vini Coi cyathis duobus, humorem alvi ciet : ideo hydropicis datur. » XXVII, XXVII (à propos de la vigne-sauvage) : « Radix ejus, decocta in aquæ cyathis ternis, additis vini Coi cyathis duobus, alvum solvit leniter ideoque hydropicis datur. » — Celse aussi recommande comme laxatif « vinum dulce vel salsum. »

[2] *Questions grecques*, 58.

[3] Leake, d'après Helpman, *Trans. R. Soc. of. litt.* 1843. — incomplétement. — Ross, *Inscr. gr. ined.* III, p. 45; n° 308, d'après la même copie et également d'une manière inexacte. — Ross, *Hellenica*, t. I. 2e cahier, p. 94, n° 15. Texte complet et exact. Helpman a lu ΑΡΧΙΔΑΝ. Ross, qui a vu la pierre (*Nach der Ansicht des Steines*), lit ΑΡΧΙΑΔΑΝ. Cependant, sur une autre inscription de la même localité (Ross, *Inscr. gr. ined.* III, p. 44, n° 307), deux habitants de Kos ont lu aussi ΑΡΧΙΔΑΝ. Aucune de ces deux inscriptions n'existe plus aujourd'hui.

helléniques. L'emplacement même de l'ancienne ville est incertain; la tradition locale la place près de la côte nord, sur le bord du fleuve qui porte le nom, remarquable en effet, de *σ' τὰ παλιὰ ποταμός*. Quoiqu'il n'y ait pas en ce lieu plus de ruines que sur les plateaux, peut-être faut-il en croire la tradition.

C'est par Strabon que nous est connu le second dème de la contrée : il l'appelle Halisarna (Ἁλίσαρνα)[1]. Une inscription martelée à dessein, vue par Helpman[2], et où il a déchiffré à la première ligne les mots

[ὁ δᾶμος]ΟΑΛΑΣΑΡΝΙΤΑΝ

donne le véritable nom de la ville, Halasarna. Cette inscription a été découverte par Helpman « près du cap Andimakhi; » elle était gravée sur un gros bloc de granit, qui n'a pu être transporté bien loin de sa position primitive. Il faut donc chercher l'emplacement d'Halasarna auprès de la pointe d'Andimakhia (*ἡ πούντα τῆς Ἀντιμάχιας*), et du hameau de Kardamina.

La plaine qui s'étend sur le rivage sud de l'île, depuis la pointe d'Andimakhia, où les plateaux s'avancent jusqu'à la mer, jusqu'à l'église d'Haghios-Ghéorghis, où commencent les pentes du Dikhio-Vouno, est en effet fertile et convenable pour l'établissement d'un village. Dans tout cet espace, les débris de poteries sont remarquablement nombreux; le sol est, en plusieurs points, parsemé d'éclats de marbre; enfin le village même de Kardamina renferme une ou deux inscriptions. Il n'existe pourtant de ruines qu'en deux points. Sur la rive droite du fleuve Potamia et près de son embouchure, s'élèvent les restes d'un petit édifice dodécagone en larges plaques de marbre gris, jadis orné de colonnes dont on voit encore par terre les chapiteaux de mauvais dorique; l'édifice date évidemment d'une époque assez basse; il est difficile de voir quelle en était la destination, les modifications de toute espèce qui en ont fait l'église d'Ἁγία Θεώτης l'ayant rendu méconnaissable. Toutefois, à quelques pas des ruines, gît un gros bloc de marbre, cassé à droite sur toute sa hauteur et écorné au coin supérieur

[1] Strab. XIV, II, 19 : Πρὸς δὲ τῷ Λακητῆρι χώριον Ἁλίσαρνα.

[2] Helpman et Leake, *Trans. of the R. Soc. of litt.* 1843, n° 43. — Ross, d'après la copie d'Helpman, *Inscr. gr. ined.* II, 176. Ces dégradations systématiques, dont ont souffert beaucoup d'inscriptions de Kos, ont été faites par ordre d'un nommé Moustapha bey, kaïmakam de l'île lors de la seconde visite de Ross, en 1843.

gauche. Ce bloc semble bien provenir de l'édifice; il porte les restes d'une inscription [1] :

ΘΕΥΦΑ
ΜΟΣΧ
ΥΣΑΣΚΛ
ΝΝΑΟΝΑΣΚΛ
ΑΙΤΩΙΔΑΜ

Au-dessous, après un intervalle, et d'une écriture d'époque postérieure :

ΓΥΜΝΑCΙΑΡΧΟ
CΕΡΑΠΙΑCΤ

et dans une couronne :

ΖΩCΙΜΟC
ΖΩCΙΜΟΥ

Il est évident que les mots *γυμνασίαρχο[ς] Σεραπιασ7[ᾶν]*, et le nom de *Ζώσιμος* n'appartiennent pas à l'inscription primitive.

Celle-ci peut se restituer :

Θευφά[νης
Μ]οσχ[ίωνος
Ἱερε]ὺς Ἀσκλ[απιοῦ
Τὸ]ν ναὸν Ἀσκλ[απιῶι
κ]αὶ τῶι δάμ[ωι.

L'édifice dodécagone près duquel est cette inscription serait donc un temple d'Asklépios. Ces temples étaient, en effet, très-souvent circulaires [2]; il en était ainsi, par exemple, à Putéoli, du temple d'Esculape, appelé vulgairement à tort temple de Sérapis [3], à Pompéi, d'un autre temple d'Esculape, désigné longtemps sous le nom de Panthéon [4]. Pausanias mentionne aussi, dans le hiéron d'Épidaure, un édicule rond dont il n'indique pas la destination [5].

Tout autour de l'église d'Haghia-Théôtis on trouve un assez grand nombre de blocs de marbre; plusieurs portent des inscriptions funéraires.

A un mille à l'est, à côté de l'église ruinée d'Ἅγιος Ἀσώματος,

[1] Helpman-Leake, *Trans. of the R. Soc. of litt.* 1843, n° 40. — Ross, d'après la copie d'Helpman, *Hellenica*, II, 2ᵉ cah. p. 93, n° 13. J'ai moi-même copié l'inscription.

[2] V. E. Saglio, *Dict. des antiquités*, article *Asklépeion.*

[3] Caristie.

[4] Hittorf, *Mém. Ac. inscr.* 17 janvier 1862. — *Rev. arch.* t. VI, 1862, p. 1.

[5] Paus. II, XXVII, 3 : Οἴκημα δὲ περιφερὲς λίθου λευκοῦ, καλούμενον Θόλος.

dans la plaine, sur la rive gauche du fleuve Stoli, on voit aussi quelques blocs de marbre dont l'un porte une inscription funéraire, et une colonne dorique à huit pas, en marbre gris, haute d'environ 1^{m},50, toute couverte d'une interminable liste de noms propres.

Ce sont là les seuls vestiges du dème d'Halasarna.

Il nous reste à dire quelques mots de la géographie physique de l'île, du nom ancien de ses caps, de ses *ποταμοί*, de ses montagnes. Malheureusement, ici encore plus que pour les dèmes, nos renseignements se réduisent à fort peu de chose. Strabon, notre principale source d'informations, s'est évidemment servi d'une carte très-fautive, et ses indications sont, par cela même, peu claires pour nous.

Des trois caps qu'il cite, il n'y en a qu'un dont la position soit nettement et correctement déterminée par lui : c'est le cap Skandarion, situé, dit-il, à l'opposite du cap Termérion (auj. Hussein-Bournou), à quarante stades de la côte d'Asie, et dans le voisinage de la ville même de Kos [1]. Le Skandarion est donc la pointe basse et sablonneuse qui porte aujourd'hui le nom de Khoum-Bournou.

La position du cap Lakêtêr, ou Laktêr, est beaucoup plus mal indiquée. Il est, dit Strabon, au sud de l'île, à soixante stades de Nisyros, et du même côté que le village d'Halasarna [2]. La distance de Nisyros aux deux points les plus rapprochés de l'île de Kos, le cap Krikélos et la pointe d'Andimakhia (*ἡ ποῦντα τῆς Ἀντιμάχιας*), est à peu près la même, c'est-à-dire de 8 à 9 milles, soit 80 à 90 stades, au lieu de 60. La mention de la ville d'Halasarna comme située du même côté que le Lakêtêr fait d'abord songer à la pointe d'Andimakhia, située en effet à 2 ou 3 milles seulement de l'emplacement d'Halasarna. Mais l'impossibilité de cette identification est démontrée par le stadiasme d'Agathémère, d'après lequel les navires allant du cap Thoantion (pointe N. O. de l'île de Rhodes), dans la direction du nord, relevaient à droite le cap Laktêr, puis le cap Drékanon ou Drépanon, puis

[1] Strabon, XIV, II, 18 : *Ἑξῆς δ' ἐστὶν ἄκρα Τερμέριον Μυνδίων, καθ' ἣν ἀντίκειται τῆς Κῴας ἄκρα Σκανδαρία, διέχουσα τῆς ἠπείρου σταδίους τετταράκοντα.* — 19 : *Τὴν νῦν πόλιν περὶ τὸ Σκανδάριον.*

[2] Strabon, XIV, II, 19 : *Ἔχει δὲ πρὸς νότον μὲν ἄκραν τὸν Λακητῆρα, ἀφ' οὗ ἑξήκοντα εἰς Νίσυρον (πρὸς δὲ τῷ Λακητῆρι χωρίον Ἁλίσαρνα).*

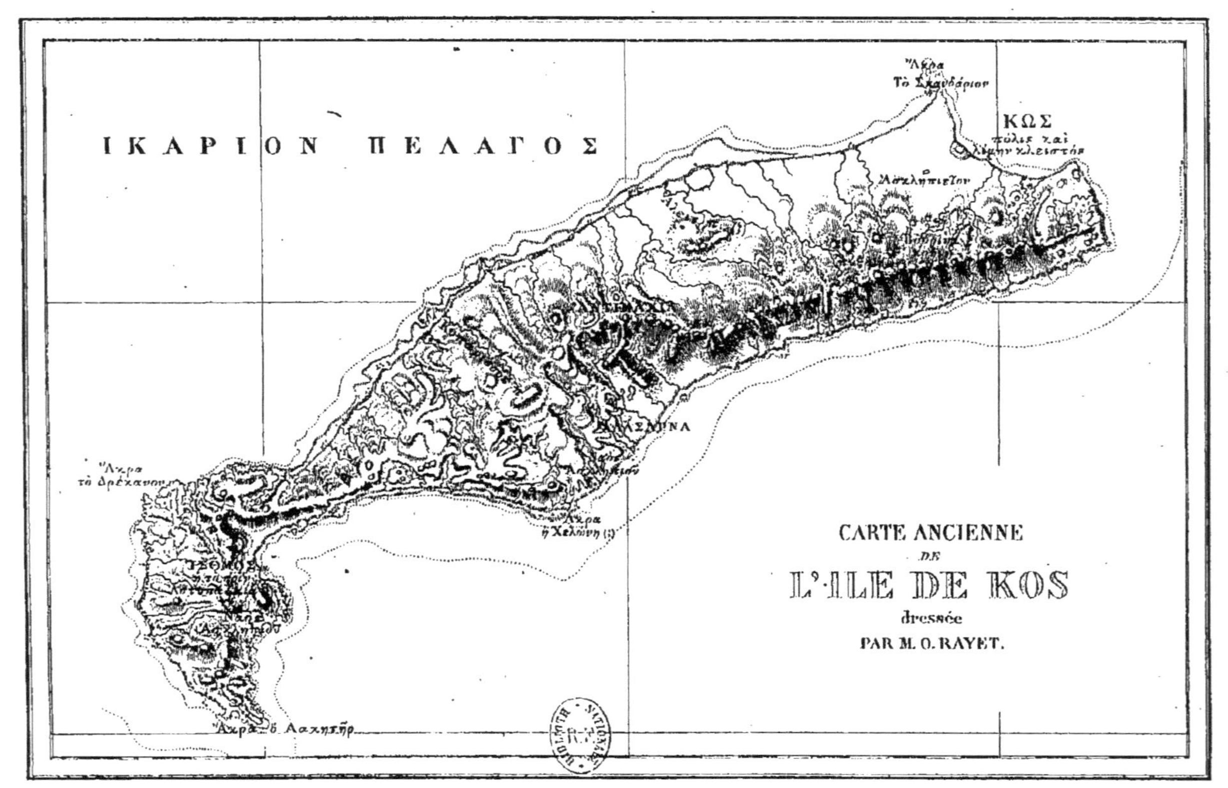
ΙΚΑΡΙΟΝ ΠΕΛΑΓΟΣ
Ἄκρα
Τὸ Σκανδάριον
ΚΩΣ
πόλις καὶ
λιμὴν κλειστός
Ἀσκληπιεῖον
ΑΛΑΣΑΡΝΑ
Ἄκρα
ἡ Χελώνη (?)
Ἄκρα
τὸ Δρέπανον
Ἄκρα ὁ Λακητήρ
CARTE ANCIENNE
DE
L'ILE DE KOS
dressée
PAR M. O. RAYET.

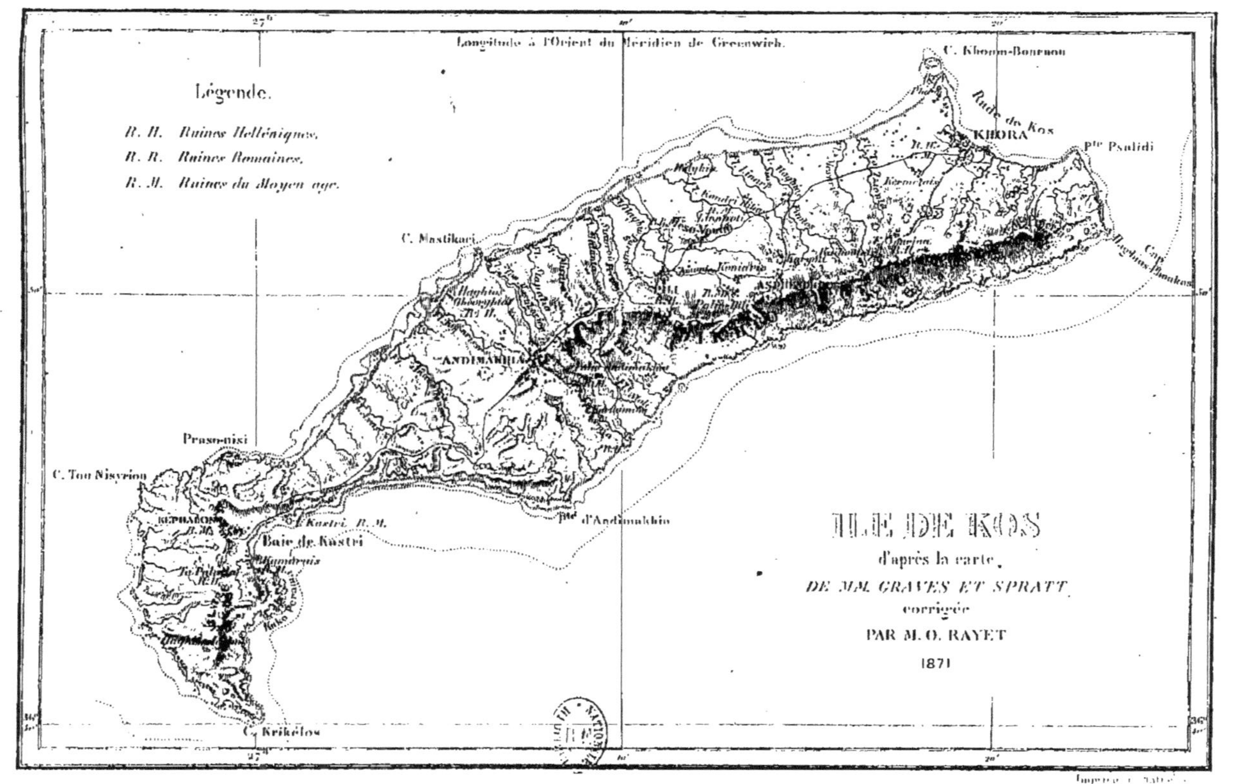

ILE DE KOS
d'après la carte
DE MM. GRAVES ET SPRATT
corrigée
PAR M. O. RAYET
1871
Légende.
R. H. Ruines Helléniques.
R. R. Ruines Romaines.
R. M. Ruines du Moyen age.
Longitude à l'Orient du Méridien de Greenwich.
C. Khoum-Bournou
Rade de Kos
KHORA
Pte Psalidi
Cap Haghios Phokas
C. Mastikari
ANDIMAKHIA
Pte d'Andimakhia
Praso-nisi
C. Tou Nisyrion
Baie de Kastri
C. Krikélos

enfin l'île de Kalymnos[1]. D'après ce texte, le cap Lakêtêr, ou Laktêr, ne peut être que le cap Krikélos. La distance de 32 milles indiquée par Agathémère comme séparant ce cap de Tilos est d'ailleurs assez correcte, si l'on admet pour point de départ de l'évaluation le premier cap de Tilos que l'on relève en venant du cap Thoantion, c'est-à-dire la pointe Pélékousa. Quant à l'assertion de Strabon, que le Lakêtêr est au sud de l'île de Kos, elle est exacte en ce sens que ce cap en est l'extrémité la plus méridionale, et erronée comme orientation : le cap Krikélos est au S. O., et non au sud, par rapport à la masse et à la direction générale de l'île de Kos.

Même incertitude dans les renseignements de Strabon au sujet du cap Drékanon[2]. Il était, dit le géographe d'Amasia, au couchant de l'île de Kos, du même côté que le bourg de Stomalimné[3], et à 200 stades de la ville. Le voisinage de Stomalimné semble indiquer le cap appelé aujourd'hui *ὁ Κάβος τοῦ Μαστιχαρίου*, mais, outre que c'est une pointe peu remarquable au point de vue géographique, elle n'est qu'à 150 stades de la ville et ne se trouve ni au couchant de l'île, comme l'affirme le texte de Strabon, ni sur la route des navires du Laktêr vers le nord, comme l'indique Agathémère[4]. Il n'y a, Muller l'a déjà vu, que le cap appelé, je ne sais pourquoi, Daphni sur la carte anglaise, et nommé, par les gens de Kos, *ὁ Κάβος τοῦ Νισυρίου*, qui satisfasse à ces deux conditions. Quant à la distance, indiquée par Strabon, du Drékanon à la ville, elle est trop petite d'un bon cinquième; elle est de 250 stades et non de 200. La distance de 100 stades ou 10 milles, donnée par Agathémère comme existant entre le Laktêr et le Drékanon, est, au contraire, trop grande; elle n'est en réalité que de 60 stades ou 6 milles.

[1] Agathémère, 18 (de l'île de Tilos) : *Ἐπὶ Λακτῆρα τῆς Κῴας σ͞τάδια τκ'. Ἐπὶ Δρέπανον Κῴας σ͞τάδια ρ'.*

[2] Strabon appelle ce cap Drékanon; Agathémère, Drépanon. Ainsi que l'a remarqué Muller, la première leçon est sans doute la bonne. La pointe orientale de l'île d'Ikaria, qui porte aujourd'hui le nom de *Φανάρι*, à cause d'une très-curieuse tour grecque qui s'y élève, s'appelait Drakanon. Les copistes auront corrigé le texte d'Agathémère par réminiscence de Drépanon en Sicile. Il est curieux de noter que l'instrument nommé par les anciens *δρέπανον* s'appelle aujourd'hui dans les Sporades *τραχάνι*.

[3] Strab. XIV, II, 19 : *Ἀπὸ δύσεως δὲ τὸ Δρέκανον καὶ κώμην καλουμένην Στομαλίμνην. Τοῦτο μὲν οὖν ὅσον διακοσίους τῆς πόλεως διέχει σ͞ταδίους.*

[4] Agath. 18 : *Ἐπὶ Δρέπανον Κῴας, σ͞τάδια ρ'.*

Pausanias cite encore un autre cap, la pointe de la Tortue (*ἄκρα τῆς Χελώνης*). C'était de là que, suivant la tradition locale, Poseidon avait jeté sur le géant Polybotès le quartier de rocher arraché aux montagnes de Kos, qui forma l'île de Nisyros[1]. Je serais assez porté à identifier la pointe de la Tortue avec celle d'Andimakhia. Le nom semble désigner une pointe basse et aux formes molles; il s'appliquerait fort bien à la pointe d'Andimakhia. Celle-ci est d'ailleurs en face même de Nisyros, et à peu de distance.

Reste l'extrémité orientale de l'île de Kos, le cap qui se termine par les deux pointes de Psalidi et d'Haghios-Phoukas. Il est assez singulier que ni Strabon, ni aucun auteur ancien ne nous en donne le nom.

La chaîne de montagnes qui forme la charpente de l'île de Kos aurait été, suivant Pline, appelée le mont Prion (Π*ρίων*, la *scie*[2]). Ce nom peint, d'une manière assez expressive, l'aspect de cette longue arête rocheuse. Malheureusement Pline est si souvent inexact dans ce qu'il dit des îles de la mer Égée, que son témoignage, lorsqu'il n'est corroboré par aucun autre, est sans autorité. D'autre part le nom d'Adonitis (Ἀ*δωνίτης*), donné aujourd'hui à l'un des points culminants de la montagne, est évidemment ancien, et il me semble en être de même du nom de Δ*ιχεῖον* que porte maintenant la chaîne entière et qui s'applique aussi plus spécialement à son sommet principal. Peut-être ces deux noms appartenaient-ils à deux des trois *dents de scie* qui s'élèvent au-dessus du niveau général de la montagne, et l'ensemble de la chaîne portait-il, en effet, comme le dit Pline, le nom de Prion.

L'idylle VII de Théocrite mentionne peut-être, dans un passage assez obscur et qui prête à plusieurs explications, une autre montagne, le mont Oromédon[3]. L'Oromédon serait alors le massif isolé du Prophitis-Hilias, qui domine la plaine du nord.

[1] Pausanias, *Att.* I, II, 4 : Ποσειδῶν... *ἐφ' ἵππου, ἐς ὃν Κῴοις ὁ μῦθος περὶ τῆς ἄκρας ἔχει τῆς Χελώνης.*

[2] Pline, *H. N.* V, XXXVI, 3 : « Mons ibi Prion. »

[3] Théocr. VII, 45 :

Ὥς μοι καὶ τέκτων μέγ' ἀπέχθεται, ὅστις ἐρευνῇ
Ἶσον ὄρευς κορυφᾷ τελέσαι δόμον Ὠρομέδοντος.

Ces vers, Ross l'a déjà remarqué, peuvent se traduire de deux manières : « Qui voudrait élever une maison aussi haut que la cime du mont Oromédon, » ou bien « qui voudrait élever, aussi haut que la cime d'une montagne, la maison

Quant aux *ποταμοί* de l'île, j'ai déjà parlé de l'Ἄλεις, le seul que mentionnent les écrivains antiques et qu'il faut, je crois, identifier, soit avec le ruisseau de Linopoli, soit avec le Kondri-Hilias. Deux autres torrents portent des noms évidemment anciens : ce sont l'Anavallousa (Ἀναβάλλουσα πηγή, la source *jaillissante*) et le Kyparissos. Aucun texte ne cite le premier, et la seule raison qui m'en fasse regarder le nom comme antique, c'est qu'Ἀναβάλλουσα n'a plus de sens dans la langue moderne. Quant au second, il en est question dans la lettre d'Hippocrate aux Abdéritains, lettre sans aucun doute apocryphe, mais fabriquée par un écrivain bien au courant des choses de Kos[1]. On célébrait sur ses bords, en l'honneur d'Asklépios, une fête solennelle à laquelle se rendait, soit de l'ancienne capitale Astypalæa, soit du hiéron de la partie orientale de l'île, situé à plus de sept heures de marche, une procession nombreuse.

L'existence de cette procession, même après le transfert de la capitale, est attestée par une des inscriptions les plus importantes de Kos[2]. Cette inscription, qui date du IIIe siècle avant Jésus-Christ, n'est rien moins qu'un fragment de calendrier mentionnant toutes les fêtes de chaque mois. Elle est malheureusement brisée à droite et à gauche, et des trois colonnes contenues sur le morceau qui en subsiste, celle du milieu est seule entièrement lisible. De la troisième, on ne déchiffre guère que les dates, et de la première que la fin des lignes; celle du milieu énumère les cérémonies du mois Artamition. Or, au 7 de ce mois, on lit :

Ζ̄ ΕΙΣΚΥΠΑΡΙΣΣΟΝ
ΚΑΙΕΙΣΤΟΔΩΔΕ
ΚΑΘΕΟΝΘΥΣΙΑ
ΚΑΙΑΓΩΝΑΡΙΟΝ
ΑΝΗΒΩΝ

d'Oromédon. » Oromédon serait alors le nom de quelque richard de Kos. Une troisième explication ferait d'Oromédon, par un omicron, un surnom de Pan. Voy. le scholiaste. La seconde traduction me semble la bonne.

[1] Hippocrate, *Lettre aux Abdér.* : Ὁπλίτης (ὁ πολίτης?) ἡμέων Ἀμελησίαφόρης (?) ἦλθεν εἰς Κῶ, καὶ ἔτυχε τότ' οὖσα τοῦ ῥάβδου ἀνάληψις ἐν ἐκείνῃ τῇ ἡμέρᾳ καὶ ἐτήσιος ἑορτὴ, ὡς ἴστε, πανήγυρις ἡμῖν, καὶ πομπὴ πολυτελὴς ἐς Κυπάρισσον, ἣν ἔθος ἀνάγειν τοῖς τῷ Θεῷ προσήκουσιν.

[2] S. Pantélidis, *Pandore*, t. XVII, n° 481, p. 430, Δ; 1er décembre 1866. — I. Sakkélion, *ibid.* t. XIX, n° 435, p. 42; 1er mai 1868. Ce dernier texte est plus correct.

La colonne précédente était le calendrier du mois Δαλίου. Vers le milieu du mois on lit :

ΕΙΣ] ΚΥΠΑ
ΡΙ] ΣΣΟΝ

sans qu'on puisse savoir quelle était la date exacte et la nature de la fête célébrée ce mois-là sur les bords du fleuve.

FIN.

www.ingramcontent.com/pod-product-compliance
Ingram Content Group UK Ltd.
Pitfield, Milton Keynes, MK11 3LW, UK
UKHW021202220726
13924UKWH00003B/1279